reconnaître les arbres sans peine

Keith Rushforth

reconnaître les arbres sans peine

Illustrations par Gill Tomblin
et Ann Winterbotham

NATHAN

Cet ouvrage a été conçu, édité et produit par
Duncan Petersen Publishing, C7, Old Imperial Laundry, Warriner Gardens, London, SW11 4XW
Direction éditoriale : Andrew Duncan
Direction artistique : Mel Petersen
Textes : Keith Rushforth

Illustrations : Gill Tomblin et Ann Winterbotham

Photographies : Frank Lane Picture Agency

Sommaire

Avant-propos

Peut-on réellement reconnaître les arbres sans peine ?
Oui. Il est en effet facile d'identifier les arbres (à condition de disposer des bonnes informations), car on peut prendre tout son temps pour les examiner. Ils présentent en outre tout au long de l'année des caractéristiques qui permettent de les reconnaî tre. Certes, certaines espèces sont plus faciles à repérer que d'autres, mais il est tout à fait possible d'identifier n'importe quel arbre en toute saison.
Les principaux problèmes auxquels vous risquez d'être confronté sont liés à la variabilité des arbres et à l'inaccessibilité occasionnelle de leurs feuilles, en forêt notamment.

Que propose ce guide pour vous faciliter la tâche ?
■ **Des photographies grand format,** rares dans ce type d'ouvrage, et complétées par de nombreux **dessins**. Pour en faciliter la consultation, ces illustrations se font face sur une même double page.
Rien ne vaut en effet une photographie pour se faire une idée générale d'un arbre. Les dessins précisent pour leur part les détails essentiels pour l'identification et permettent de faire des comparaisons entre plusieurs espèces. Vous apprécierez la juxtaposition de ces deux types d'illustrations qui permet d'associer les détails à la vue d'ensemble.
De petites photographies illustrent enfin les écorces particulières, ce qui vous donne un élément supplémentaire pour l'identification de l'espèce.

■ **Un texte clair,** compréhensible par tous, qui évite le jargon et n'abuse pas des termes techniques. Dans l'encadré, les légendes des dessins insistent sur les principales caractéristiques de l'espèce présentée.

■ **Les variations importantes au sein d'une même espèce** sont décrites dans les légendes des dessins et des photographies.

■ **L'aire de répartition** et **l'habitat** de prédilection de chaque espèce sont mentionnés dans le corps du texte qui se trouve sous l'encadré.

L'attrait des arbres
Qu'ils nous donnent envie de les étreindre ou de les abattre, les arbres suscitent en chacun de nous des émotions. De taille souvent imposante, ils semblent immortels. Ils constituent des repères et des lieux de rendez-vous, apportent un certain cachet à nos villes et jouent un rôle déterminant dans la composition de nos paysages. Ils sont parfois source de problèmes, privant nos maisons de soleil et assombrissant nos intérieurs, dispersant débris et feuilles mortes et servant de refuge à des animaux indésirables comme les pigeons et les moucherons. Ils s'avèrent toutefois fort utiles, non seulement en nous fournissant notre bois d'œuvre et de chauffage, mais aussi en ombrageant nos terrasses, en égayant nos jardins de leurs fleurs et de leurs fruits et en abritant mille créatures agréables et utiles, des oiseaux aux écureuils en passant par les insectes. Ce que résume parfaitement la Bible dans le chapitre 2 de la Genèse, verset 9 : *« … tout arbre d'aspect attrayant et bon à manger. »* S'il nous arrive tour à tour de les aimer et de les détester, les arbres ne nous laissent en effet jamais indifférents.
Il existe bien sûr en Europe bien plus d'arbres que ce guide ne peut en décrire. Il présente toutefois les principales espèces de l'ouest, du nord, de l'est et du sud du Vieux Continent, et bien d'autres encore. Si vous avez besoin d'une flore plus exhaustive, reportez-vous à la bibliographie sommaire proposée à la fin de l'ouvrage (p. 288).

Keith Rushforth,
automne 2000

Glossaire

Dans ce guide, les termes techniques sont généralement accompagnés d'une définition très simple. Ce glossaire se propose néanmoins de compléter ces informations par une explication un peu plus précise des mots utilisés dans le corps de l'ouvrage, ainsi que des termes de botanique les plus courants.

Alternes Qualifie des feuilles fixées isolément sur chaque nœud de la tige ou des étamines fixées entre les pétales.

Aciculaire Se dit d'une feuille en forme d'aiguille.

Acuminé Dont le sommet se rétrécit brusquement en pointe.

Arille Enveloppe charnue ou juteuse de la graine (voir If, p. 48-49).

Bifide Fourchu, fendu en son milieu.

Caduc Se dit du feuillage (ou des feuilles) se détachant de façon saisonnière.

Capité Terminé en tête arrondie.

Cépée Touffe possédant plusieurs tiges qui ont une même racine.

Chaton Inflorescence pendante de fleurs simples, généralement unisexuées.

Cordée Qualifie une feuille bordée de dents arrondies.

Cotylédons Feuilles séminales, c'est-à-dire les deux premières feuilles de la jeune plante.

Couronne Cime de l'arbre, c'est-à-dire sa partie supérieure feuillée.

Crénelée Qualifie une feuille en forme de cœur.

Décussée Qualifie des feuilles disposées par paires opposées sur la tige, chaque paire formant un angle de 90 degrés avec la précédente.

Dioïque Se dit d'une espèce dont un individu porte les fleurs mâles, et un autre les fleurs femelles.

Elliptique Qualifie une feuille de forme ovale avec les extémités resserrées.

Entière Qualifie une feuille dont le bord n'est ni divisé ni denté.

Étamine Organe mâle d'une fleur, généralement composé d'un filet portant l'anthère, la poche qui renferme le pollen.

Feuille Excroissance aérienne et latérale d'une tige qui forme le feuillage d'une plante et est composée d'un pétiole et d'un limbe. Sa fonction première est la fabrication d'éléments nutritifs par la photosynthèse.

Flabelliforme Disposé en éventail.

Foliole L'une des divisions d'une feuille composée.

Imparipennée Se dit d'une feuille composée pennée avec une foliole terminale.

Incisée Se dit d'une feuille découpée profondément et irrégulièrement.

Inerme Sans épine.

Laciniée Qualifie une feuille découpée irrégulièrement en lanières.

Limbe Partie plane et peu épaisse d'une feuille.

Linéaire Qualifie une feuille allongée, avec les bords parallèles.

Lobe Division arrondie d'une feuille.

Lobée Qualifie une feuille dont les bords sont courbes ou arrondis.

Nervation Disposition des nervures d'une feuille.

Nervure Toute ligne saillante des tissus conducteurs ou de soutien sur une feuille.

Obovale Ovoïde, mais plus large dans sa partie supérieure.

Opposées Qualifie des feuilles disposées par deux, l'une en face de l'autre sur la tige.

Ovale Ovoïde, mais plus large dans sa partie inférieure.

Ovoïde En forme d'œuf.

Palmée Se dit d'une feuille dont les nervures ou les folioles démarrent à l'extrémité du pétiole.

Paripennée Se dit d'une feuille composée pennée qui possède un nombre pair de folioles.

Pennée Se dit d'une feuille composée dont les folioles sont disposées de chaque côté de l'axe, comme les barbes d'une plume.

Péricarpe Paroi du fruit.

Pétiole Support de la feuille qui la relie à la tige.

Photosynthèse Processus par lequel les plantes vertes fabriquent des sucres à partir de l'eau et du dioxyde de carbone en transformant l'énergie de la lumière en énergie chimique à l'aide des pigments chlorophylliens verts.

Phyllode Pétiole aplati qui a pris la forme et la fonction du pétiole.

Plantule Jeune plante qui se développe au cours de la germination de la graine.

Rustique Capable de résister à des conditions exrêmes, généralement au froid.

Samare Fruit sec contenant une ou deux graines dont le péricarpe est aminci en une sorte d'aile membraneuse.

Serraté S'applique au limbe d'une feuille dont les bords sont dentés.

Serrulé S'applique au limbe d'une feuille dont les bord sont finement dentés, comme une scie.

Simple Qualifie une feuille qui n'est ni divisée ni lobée.

Spatulée Qualifie une feuille en forme de spatule.

Squamiforme En forme d'écaille (ex. les feuilles squamiformes des cyprès).

Stipule Appendice foliacé, souvent par paire, situé généralement à la base du pétiole de la feuille.

Style Élément du pistil, l'organe femelle d'une fleur, portant à son extrémité le stigmate qui reçoit les grains de pollen.

Trifoliée Qualifie une feuille à trois folioles.

Unifoliée Qualifie une feuille à foliole unique possédant un pétiole distinct de celui de l'ensemble de la feuille.

Introduction au monde des arbres

Qu'est-ce qu'un arbre ?

Il s'avère en fait très difficile de répondre de façon précise à cette question en apparence toute simple. Un arbre est certes une plante munie d'une tige ligneuse, mais cela vaut également pour un arbuste ou un arbrisseau. Le facteur déterminant réside donc dans l'aptitude à atteindre une certaine taille. Le tout est de savoir laquelle. Dans ce guide, nous avons fixé la limite à 5 m. En dessous de cette hauteur, on parlera d'arbrisseau. La plupart des arbres qui figurent dans cet ouvrage dépassent les 15 m de hauteur, et certains atteignent même 60 m dans un environnement favorable. Certains arbres courants, le sorbier des oiseleurs notamment, ne mesurent cependant qu'une dizaine de mètres de hauteur à leur taille maximale.

Les noms des arbres

Chaque arbre porte plusieurs noms, que l'on classe en deux catégories : les noms communs ou vernaculaires et le nom latin. Les noms communs varient beaucoup d'une région à l'autre et induisent parfois en erreur (ainsi, le cyprès de Lawson n'est pas un vrai cyprès puisqu'il appartient au genre *Chamaecyparis).*

À chaque espèce d'arbre correspond en outre un nom latin reconnu dans le monde entier, composé de deux éléments : le premier est le nom du genre auquel l'espèce appartient (ex. *Cupressus, Chamaecyparis*) ; le second est un qualificatif spécifique à l'espèce (*lawsoniana* par exemple dans le cas de notre faux cyprès). En botanique, chaque genre a en effet un nom distinct, tandis qu'au sein d'un même genre, une seule espèce est affublée d'un qualificatif déterminé. Ce qualificatif peut en revanche être associé à un autre nom de genre. Ainsi, il n'existe qu'un seul *Abies alba* (le sapin argenté), mais on trouve un *Populus alba* (le peuplier blanc), *« alba »* signifiant « blanc ». De même, il existe un *Morus nigra*, mais aussi un *Pinus nigra* et un *Populus nigra*, *« nigra »* signifiant « noir ». Ce qualificatif latin précise généralement certains détails propres à la plante. Ainsi, *Pterocarya fraxinifolia* se traduirait littéralement par l'« arbre aux graines ailées et aux feuilles de frêne ».

Bien que les noms latins soient uniques, il arrive qu'une espèce en porte plusieurs. Le premier publié a dans ce cas valeur de référence, les nouveaux tenant lieu de synonymes.

Bien que cela ne soit pas un élément déterminant pour un ouvrage de vulgarisation, sachez que la botanique classe toutes les espèces selon une hiérarchie bien précise, au sein de laquelle l'espèce occupe l'échelon le plus bas (mis à part les sous-espèces, formes et variétés). Au-dessus de l'espèce figure le genre, les genres étant eux-mêmes groupés en familles (par exemple, les saules et les peupliers appartiennent à la famille des *Salicaceae* ou salicacées) qui sont réunies en ordre. Les conifères présentés dans ce guide appartiennent à plusieurs familles (*Araucariaceae, Cupressaceae, Pinaceae* et *Taxodiaceae*), mais tous font partie du même ordre, les *Coniferales,* à l'exception de l'if *(Taxus),* toujours rangé dans sa propre famille, les *Taxaceae* (taxacées), et souvent dans leur propre ordre, les *Taxales*. De même, le ginkgo bilobé a sa propre famille, les *Ginkgoaceae* (ginkgoacées) et son ordre propre, les *Ginkgoales.*

Au-dessus de l'ordre, on trouve la classe. Il existe deux classes de végétaux : les gymnospermes (littéralement, « graines nues ») et les angiospermes (littéralement, « graines cachées »), cette dernière se subdivisant en deux sous-classes, les dicotylédones (plantes dont l'embryon possède deux cotylédons et dont la tige connaî t un épaississement secondaire) et les monocotylédones (espèces dont l'embryon a un seul cotylédon et dont la tige ne connaî t pas d'épaississement secondaire). Ainsi, tous les feuillus sont des dicotylédones, alors que tous les palmiers, les herbacées et les orchidées des monocotylédones. Chacune de ces sous-classes se décompose en nombreux ordres, puis en familles.

Comment trouver un arbre dont on connaît le nom

Les noms de tous les arbres présentés dans cet ouvrage figurent dans l'index, en français comme en latin. Mieux vous connaî trez les arbres et plus vous vous servirez de l'index. L'index le mieux conçu est en effet parfaitement inutile si l'on ne connaî t pas le nom de l'espèce recherchée.

COMMENT TROUVER UN ARBRE DONT ON NE CONNAÎT PAS LE NOM

Si vous partez d'une simple brindille et de quelques feuilles ramassées au cours d'une promenade, parcourez le livre en comparant ces éléments avec les dessins et les photographies qui y figurent. Comme ce guide compte plus de 270 pages, cette tâche peut s'avérer fastidieuse, mais elle est moins difficile qu'il n'y paraî t.

L'ordre dans lequel les espèces sont présentées n'est pas aléatoire : elles sont en effet regroupées en fonction de la forme de leurs feuilles. Le guide commence par le ginkgo bilobé (p. 14-15) et l'araucaria du Chili (p. 16-17), deux exceptions inclassables dont il vaut mieux se débarrasser rapidement, puis viennent les autres conifères, tout d'abord ceux qui ont de petites feuilles squamiformes (p. 18 à 35), puis ceux qui portent des feuilles aciculaires ou aiguilles (p. 36 à 81) et enfin les pins dont les feuilles sont réunies en faisceaux de 2 à 5 aiguilles (p. 82 à 101).

Hiba : petites feuilles squamiformes

Ci-dessous, cèdre de l'Himalaya : feuilles aciculaires.

Ci-dessus, pin parasol : faisceaux d'aiguilles.

La partie consacrée aux feuillus commence par les espèces aux feuilles simples (p. 106 à 237), les espèces voisines étant généralement groupées, et celles dont les feuilles sont découpées en petits lobes précédant celles aux lobes plus grands. Toutefois, les aulnes et les bouleaux, dont les feuilles ne sont pas lobées mais dentées, sont décrits en début de chapitre, et les arbres aux feuilles plus profondément lobées, comme l'érable sycomore, à la fin.

Présentation générale des conifères (p. 12-13) et des feuillus (p. 102 à 105)

Ces doubles pages vous permettront de vous repérer plus rapidement dans le guide. En effet, nous y présentons les arbres traités dans les deux grands chapitres en question en les regroupant par espèces au feuillage assez semblable.

Néanmoins, ces critères ne sont pas absolus. En effet, bien que ses feuilles soient fortement lobées, le peuplier blanc (p. 134-135) est classé avec les autres peupliers. Les feuillus aux feuilles pennées (divisées en folioles) sont regroupés dans les p. 240 à 271, suivis du marronnier d'Inde aux feuilles palmées (p. 272-273). Les palmiers aux immenses feuilles composées viennent clore le chapitre en p. 274 à 279.

Peuplier noir : feuilles simples.

Sycomore : feuilles fortement lobées.

Ce tour d'horizon des espèces européennes ne serait pas complet sans une brève présentation des principaux arbrisseaux et arbres de forme arbustive (p. 280 à 283).

Les fiches descriptives

Elles commencent toujours par préciser l'aire de répartition naturelle de l'espèce, citant les régions du monde (souvent loin de l'Europe) où elle est endémique, puis donnent des indications sur l'arbre tel que les Européens peuvent l'observer. Afin d'éviter les répétitions, on considère admises l'origine lointaine de la plupart des espèces et leur introduction plus ou moins récente en Europe, où elles se sont parfois naturalisées.

Les caractéristiques qui permettent d'identifier un arbre

Pour faciliter l'identification des espèces, ce guide utilise des caractéristiques évidentes plutôt que des détails d'ordre botanique. C'est pour cette raison par exemple que l'érable negundo *(Acer negundo)* est classé avec les feuillus à feuilles pennées, soit plusieurs pages après les autres érables. Comme d'autres végétaux supérieurs (par opposition aux végétaux inférieurs que sont les fougères, les mousses et les lichens), les arbres comportent une tige couverte d'écorce, des rameaux, des bourgeons, des feuilles, des fleurs et des fruits, autant de critères d'identification que décrit cet ouvrage.

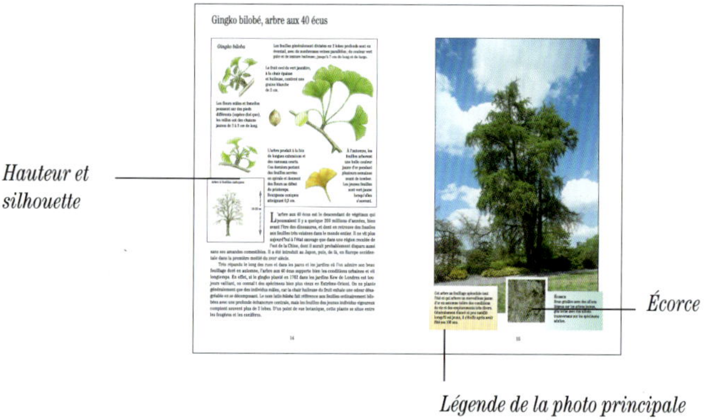

Hauteur et silhouette Un petit encadré situé en bas à gauche de l'encadré principal de chaque double page présente la silhouette de l'arbre, avec son port caractéristique, et indique la hauteur qu'il atteint à l'âge adulte. Pour les arbres à feuilles persistantes (c'est-à-dire la plupart des conifères et certains feuillus), cette silhouette est identique tout au long de l'année. Dans le cas des espèces à feuilles caduques, c'est l'arbre dénudé en hiver qui est représenté.

Écorce Si cet élément peut apporter un grand nombre d'informations, il est également très variable d'un individu à l'autre, tandis qu'il évolue énormément au fil du temps. Les petites photographies que l'on trouve en bas à droite des pages de droite illustrent généralement l'écorce d'un arbre à maturité, la légende indiquant les transformations qu'elle subit au cours de la vie de l'espèce.

La légende de la photo principale décrit le port de l'arbre, c'est-à-dire la forme de sa couronne feuillée. Comme l'écorce, la cime d'un arbre varie considérablement d'un individu à l'autre.

Rameaux et bourgeons La couleur et la texture des rameaux peuvent être des indices précieux pour l'identification. Reportez-vous par exemple à l'érable plane (p. 228) et à l'érable de Cappadoce (p. 230). C'est la couleur des rameaux à maturité, à partir de la fin de l'été, qui est mentionnée dans les fiches.

La disposition des bourgeons et des feuilles est également utile. Sur les trois quarts des feuillus, ils sont alternes, tandis que sur le quart restant ils sont opposés deux à deux, hormis les rares exceptions où les feuilles sont groupées par trois. Les bourgeons sont généralement concentrés à l'extrémité des rameaux. Le nombre d'écailles protectrices qui les recouvrent est un autre indice intéressant.

Hêtre : bourgeons alternés.

Les caractéristiques qui permettent d'identifier un arbre

Sorbier des oiseaux : feuilles pennées

Les **feuilles** sont les caractéristiques les plus simples à repérer. Leur forme varie considérablement d'une espèce à l'autre, depuis les simples et entières jusqu'aux composées (**pennées** ou **bipennées**). Chez certains arbres, la forme des feuilles change au fil du temps (voir notamment les feuilles juvéniles du chêne vert (p. 152) et du houx (p. 216).

Poirier : feuilles entières

Pétiole

A première vue, une feuille pennée ressemble à un petit rameau portant de nombreuses feuilles. Cependant, il y a toujours des bourgeons axillaires à l'intersection d'un rameau et d'une vraie feuille, avec quelques cas particuliers comme le cyprès chauve (p. 44) et le métaséquoia de Chine (p. 42).

Les feuilles simples sont en outre de formes diverses : certaines sont étroites et rectilignes (**linéaires**) comme celles des saules ou de nombreux conifères, d'autres larges et ovales, d'autres encore dentées ou **lobées**. Les dents et lobes principaux se trouvent souvent à l'extrémité des nervures latérales de la feuille, et les feuilles entières ont souvent des nervures moins marquées.

Le terme ovale est fréquemment utilisé dans cet ouvrage pour décrire non seulement les feuilles, mais aussi certains fruits. Dans *Les Voyages de Gulliver*, le héros de Jonathan Swift avait peut-être du mal à décider quelle extrémité de l'œuf en constituait la base, mais en botanique la question a été tranchée : le mot « **ovale** » désigne la forme d'un œuf dans sa position habituelle, c'est-à-dire plus large dans sa partie inférieure (la feuille est alors attachée au rameau par sa partie la plus large), alors que le terme « **obovale** » s'applique aux feuilles ovoï des plus larges dans leur partie supérieure (c'est-à-dire fixées au rameau par leur partie la plus étroite). Vérifiez donc sur les dessins de l'encadré si la feuille de l'espèce que vous cherchez à identifier est ovale ou obovale.

Obovale

Ovale

Fleurs de ginkgo bilobé

Le **pétiole** peut lui aussi apporter une aide précieuse. C'est le cas notamment pour la plupart des cerisiers (p. 180, 182) et du platane à feuilles d'érable (p. 222).

Les **fleurs** enfin peuvent être très utiles si elles jouent le jeu qui leur est imparti, c'est-à-dire attirer l'attention. Toutefois, sur de nombreux arbres, elles sont discrètes, assez transitoires, à moins qu'elles ne s'épanouissent qu'au sommet de grands spécimens ou sur les arbres les plus vieux.

Liquidambar : feuilles lobées

Les **fruits** enfin fournissent des informations intéressantes. Le fruit est en effet présent depuis la fertilisation de la fleur jusqu'à sa maturation et sa dispersion. Vous trouverez dans ce guide des indications sur les fruits que donnent les espèces décrites, y compris leur évolution au cours de la maturation.

Les conifères

Pin noir

Conifère signifie « qui porte des cônes ». Toutefois, si la plupart des ces arbres ont effectivement des fruits en cônes et un port conique, ce n'est pas le cas de bon nombre d'entre eux. D'un point de vue scientifique, un conifère est en réalité un arbre dont les ovules et graines sont nus, c'est-à-dire non contenus dans une enveloppe protectrice ou péricarpe. Il est très facile d'observer cette caractéristique en regardant à la loupe les fleurs femelles des cyprès. Lors de la floraison, les minuscules ovules situés entre les petites écailles sont très exposés. Après pollinisation, les écailles grossissent et les cachent. D'autres conifères parviennent mieux à cacher les leurs, et ce même dès la floraison, mais ovules et graines sont toujours exposés à l'air. C'est une différence notoire avec les feuillus et les palmiers dont les graines sont toujours incluses dans un fruit clos.

Les conifères constituent un ordre ancien et très divers, surtout si l'on considère le ginkgo bilobé, qui d'un point de vue botanique se situe en fait entre les fougères et les conifères, comme un membre honoraire.

La plupart des conifères ont un feuillage persistant, mais le mélèze (p. 50), le métaséquoia de Chine (p. 42), le cyprès chauve (p. 44) et le ginkgo bilobé (p. 14) ont des feuilles caduques. Ils ont généralement un tronc unique et des branches espacées. Enfin, du fait de leur bois généralement tendre et solide, ce sont des espèces forestières très prisées.

Pages 14-15
Famille des ginkgoacées
Feuilles arrondies au sommet et en coin à la base, avec de nombreuses nervures parallèles.

Pages 16-17
Famille des araucariacées
Feuilles larges à la base et pointues au sommet. Cônes à une seule graine fixée à l'écaille qui la porte.

Araucaria du Chili

Pages 18 à 37
Famille des cupressacées

Genévrier

Feuilles généralement squamiformes, mais certaines espèces de genévrier (p. 34 à 37) ont des feuilles linéaires (étroites et rectilignes) en verticilles.

Famille divisée en trois groupes en fonction des cônes :

Cônes aux écailles peltées, c'est-à-dire en forme de bouclier, avec une légère protubérance sur le dos : *Cupressus* (p. 18 à 23) et *Chamaecyparis* (p. 24 à 27).

Écailles peltées

Écailles réunies à la base

Cônes protégés par quelques écailles réunies à la base *Calocedrus* (p. 28-29), *Thuja* (p. 30-32) et *Thuyopsis* (p. 32-33).

Cônes non ligneux, semblables à des baies juteuses *Juniperus* (p. 34 à 37).

Pages 38 à 47

Famille des taxodiacées

Ramules feuillés aplatis.

Genévrier à encens

Pages 48-49

Famille des taxacées

Ramules feuillés plats, fruit à graine unique, muni d'une excroissance charnue et juteuse rouge (l'arille).

Séquoia toujours vert

(La famille des taxacées est placée à cet endroit-là en raison de l'aspect visuel de son feuillage. D'un point de vue botanique, elle se situe entre les ginkgoacées et les araucariacées.)

If

If

Pages 50 à 101

Famille des pinacées

Grande famille caractérisée par la présence de deux graines pour chaque écaille du cône.

Elle regroupe :

Les **mélèzes** (p. 50 à 53) et les **cèdres** (p. 54 à 57), dont les feuilles sont disposées en rosettes sur les rameaux courts. Les cônes des mélèzes sont persistants, alors que ceux des cèdres se désarticulent à maturité pour libérer les graines ailées.

Cèdre du Liban

Sapin de Douglas

Les **épicéas** (p. 58 à 67), le sapin de Douglas (p. 68-69), les sapins (p. 70 à 79) et le tsuga du Nouveau Monde (p. 80-81), aux ramules plats portant des feuilles aciculaires isolées.

Les cônes des sapins argentés (genre *Abies)* se décomposent à maturité pour libérer les graines, alors que les épicéas, le sapin de Douglas et le tsuga ont des cônes ligneux et persistants.

Les **pins** (p. 82 à 101) ont des feuilles groupées en faisceaux de 2 à 5 aiguilles.

Pin sylvestre

Gingko bilobé, arbre aux 40 écus

Gingko biloba

Les feuilles généralement divisées en 2 lobes profonds sont en éventail, avec de nombreuses veines parallèles ; de couleur vert pâle et de texture huileuse ; jusqu'à 7 cm de long et de large.

Le fruit ovoï de vert jaunâtre, à la chair épaisse et huileuse, contient une graine blanche de 2 cm.

Les fleurs mâles et femelles poussent sur des pieds différents (espèce dioï que), les mâles ont des chatons jaunes de 2 à 3 cm de long.

L'arbre produit à la fois de longues extensions et des rameaux courts. Ces derniers portent des feuilles serrées en spirale et donnent des fleurs au début du printemps. Bourgeons coniques atteignant 0,3 cm.

À l'automne, les feuilles arborent une belle couleur jaune d'or pendant plusieurs semaines avant de tomber. Les jeunes feuilles sont vert-jaune lorsqu'elles s'ouvrent.

Arbre à feuilles caduques

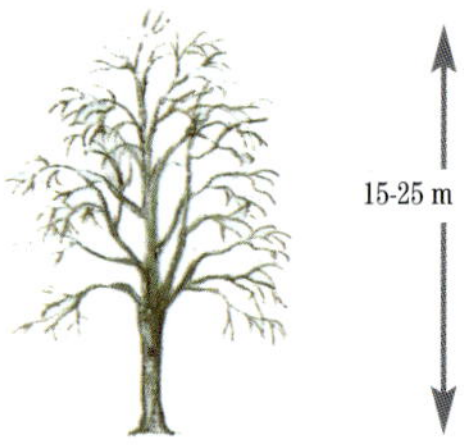

L'arbre aux 40 écus est le descendant de végétaux qui poussaient il y a quelque 200 millions d'années, bien avant l'ère des dinosaures, et dont on retrouve des fossiles aux feuilles très voisines dans le monde entier. Il ne vit plus aujourd'hui à l'état sauvage que dans une région reculée de l'est de la Chine, dont il aurait probablement disparu aussi sans ses amandes comestibles. Il a été introduit au Japon, puis, de là, en Europe occidentale dans la première moitié du XVIIIe siècle.

Très répandu le long des rues et dans les parcs et les jardins où l'on admire son beau feuillage doré en automne, l'arbre aux 40 écus supporte bien les conditions urbaines et vit longtemps. En effet, si le gingko planté en 1762 dans les jardins Kew de Londres est toujours vaillant, on connaî t des spécimens bien plus vieux en Extrême-Orient. On ne plante généralement que des individus mâles, car la chair huileuse du fruit exhale une odeur désagréable en se décomposant. Le nom latin *biloba* fait référence aux feuilles ordinairement bilobées avec une profonde échancrure centrale, mais les feuilles des jeunes individus vigoureux comptent souvent plus de 2 lobes. D'un point de vue botanique, cette plante se situe entre les fougères et les conifères.

Cet arbre au feuillage splendide tout l'été et qui arbore un merveilleux jaune d'or en automne tolère des conditions de vie et des emplacements très divers. Généralement élancé et peu ramifié lorsqu'il est jeune, il s'étoffe après avoir fêté ses 100 ans.

Écorce

Brun grisâtre avec des sillons liégeux sur les arbres jeunes, gris terne avec des sillons transversaux sur les spécimens adultes.

Araucaria du Chili, désespoir du singe

Araucaria araucana

Espèce dioïque ; les fleurs mâles poussent à l'extrémité des branches, souvent en touffes, et se transforment au début de l'été en cônes bruns de 15 cm qui persistent souvent jusqu'au cœur de l'automne.

Les fleurs femelles donnent à maturité des cônes globuleux bruns de 15 cm de diamètre, au cours du deuxième été.

Dispersion des graines lorsque les cônes éclatent à la fin de l'été.

Feuilles ovoïdes, attachées par leur extrémité la plus large, très pointues, aplaties, mais incurvées à la base. Vert-gris, parcourues de lignes blanches ponctuées par les stomates. Jusqu'à 5 cm de long.

Graine brune de 4 cm.

Arbre à feuilles persistantes

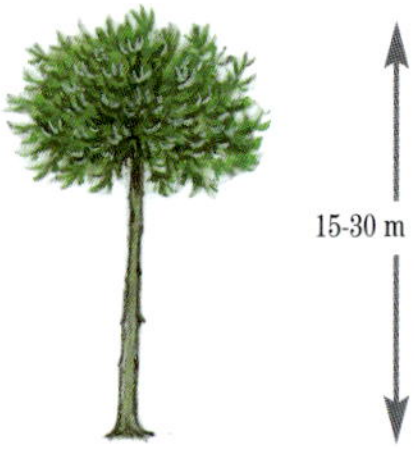

L'habitat naturel de l'araucaria du Chili se trouve dans les Andes chiliennes, entre 37 et 39° de latitude sud, et dans les régions voisines des Andes argentines. En Europe, on le plante surtout en raison de son allure distinctive et très élégante.

Le surnom de désespoir du singe, qui date des environs de 1840, fait allusion à ses feuilles très pointues qui feraient souffrir le martyre à un singe qui tenterait d'y grimper. Les araucarias sont toutefois bien plus anciens que les singes, puisqu'ils remontent au jurassique, l'âge d'or des dinosaures.

Les graines, que l'on trouve sur les pieds femelles seulement en présence d'arbres mâles dans le périmètre de pollinisation, sont délicieuses, surtout si l'on prend la peine de les faire griller. Le nom latin de l'espèce fait référence aux Indiens Araucano, pour lesquels ces graines constituent un aliment de base. Le bois est de bonne qualité.

Cet arbre présente enfin la particularité pour un conifère d'avoir des racines susceptibles de donner des drageons. Il arrive ainsi que l'on voie de vieux spécimens avec un bosquet de jeunes arbres à leurs côtés.

Les jeunes arbres se ramifient en spirale, ce qui leur donne une forme conique, mais leur cime s'étoffe et s'arrondit avec l'âge. Les araucarias qui poussent sur sol sec et dont le feuillage est ombragé perdent leurs branches inférieures.
Leurs feuilles coriaces et verticillées en font une espèce unique.
Les désespoirs du singe se mariant mal avec d'autres essences, il est préférable de les planter seuls ou en bosquets.

Écorce
Grise ou gris foncé, portant des rides horizontales, ce qui lui donne l'aspect de la peau d'un éléphant. Parfois fissurée.

Cyprès commun, cyprès méditerranéen, cyprès toujours vert

Cupressus sempervirens

Feuilles squamiformes en paires opposées regroupées sur de courts ramules un peu aplatis.

Les petites écailles aciculaires de 0,1 cm à glande résineuse dorsale recouvrent les ramules ; apex libre sur les rameaux les plus vigoureux.

Les cônes globuleux à ovoï des de 2,5 à 3,5 cm mûrissent l'automne de la deuxième année ; ils sont couverts d'écailles peltées portant sur le dos un petit mucron arrondi.

Les cônes mâles jaunes de 0,2 à 0,3 cm apparaissent au printemps ; les fleurs femelles verdâtres et épineuses poussent sur de longs rameaux.

Espèce voisine
Cupressus glabra
Ramules feuillés tridimensionnels et glauques ; la glande dorsale des feuilles exsude une résine blanchâtre ; écorce lisse, aux écailles exfoliées rouges à grises.

Arbre à feuilles persistantes

Le cyprès est probablement indigène de l'est du Bassin méditerranéen à l'Iran seulement. La forme sauvage a de courtes branches horizontales. La variété la plus communément plantée est *C. s. stricta,* dont les branches dressées donnent un arbre en fuseau à cime très étroite, typique de la Provence et de la Toscane. À l'état sauvage, cet arbre caractéristique des régions calcaires tolère des étés longs, secs et chauds. Il est en revanche sensible à une maladie fongique *(Corynium).* Ce parasite pénètre dans les feuilles squamiformes puis tue les fins ramules, et souvent même des branches. Dans les cas les plus graves, l'arbre meurt dans sa totalité, mais le chancre détruit souvent seulement de grosses parties de la cime, laissant un arbre enlaidi mais encore en vie. Les cyprès ont un bois dur de qualité, mais dont la quantité et la longueur sont trop limitées pour une exploitation commerciale.

Originaire du centre de l'Arizona, *C. glabra* est un arbre d'agrément prisé pour son feuillage bleuté et sa jolie écorce. Les glandes dorsales de ses feuilles éclatent et exsudent une résine qui prend une teinte gris blanchâtre en séchant. Les cônes de 1,7 à 2,3 cm de diamètre sont couverts d'écailles épineuses.

Le cyprès sauvage a des branches horizontales courtes qui lui donnent un port colonnaire à maturité. En revanche, la variété *stricta* (photo ci-dessus) que l'on plante le plus souvent est reconnaissable à sa cime très étroite due à ses rameaux dressés.

Écorce
Gris-brun avec des sillons écailleux généralement inclinés et s'enroulant en spirale autour du tronc.

Cyprès de Monterey

Cupressus macrocarpa

Cônes persistants de 2 à 4 cm mûrissant à l'automne de la deuxième année ; écailles peltées creusées d'un petit sillon transversal.

Feuillage en ramules triangulaires denses dressés ou étalés ; feuilles squamiformes vertes de 0,2 cm, en paires opposées couvrant le ramule. Apex aciculaire appliqué sur le ramule. Glande dorsale très peu marquée ne sécrétant pas de résine.

ESPÈCE VOISINE
Cyprès de Nootka, *Cupressus nootkatensis*
Ramules feuillés aplatis et pendants atteignant 50 cm de longueur. Feuilles squamiformes en paires légèrement asymétriques, la paire frontale un peu plus courte que la latérale ; vert foncé, terminées par un apex dur et libre ; glande dorsale peu marquée, voire absente.

Arbre à feuilles persistantes

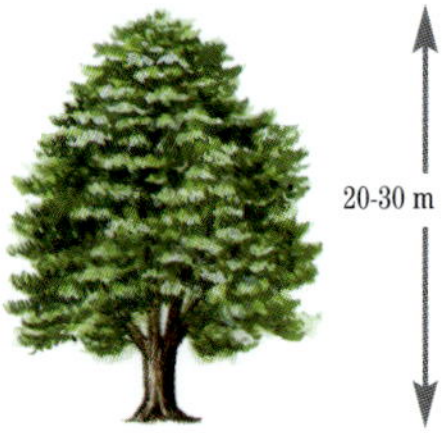

Cônes du Nootka globuleux atteignant 1,2 cm, comptant 4 à 6 paires d'écailles portant un petit mucron recourbé ; maturation bisannuelle, du printemps à l'été.

À l'état sauvage, on trouve le cyprès de Monterey seulement sur deux petites portions du littoral de la péninsule de Monterey en Californie, où leur croissance est limitée par le vent. Les vieux spécimens présentent de très larges cimes aux branches horizontales qui les font ressembler de loin à des cèdres du Liban. S'il se distingue des autres cyprès par son feuillage vert vif et ses cônes assez gros, le cyprès de Monterey demeure sensible au chancre *Corynium* qui le défigure souvent en détruisant une partie de son feuillage. Son bois résiste bien à la décomposition, mais il n'est pas particulièrement solide, et généralement en trop petite quantité pour être commercialisé.

Le cyprès de Nootka a une vaste aire de répartition qui s'étend du nord de la Californie au sud de l'Alaska. Cette espèce montagneuse est beaucoup plus imposante à l'état sauvage, mesurant jusqu'à 40 m de haut, avec un tronc atteignant 3 m de diamètre et donnant un bois de qualité. On classe parfois le cyprès de Nootka dans le genre *Chamaecyparis*, mais il est préférable de le ranger avec les *Cupressus*, car, comme chez ces derniers, la maturation des cônes est bisannuelle (alors qu'elle est annuelle pour les *Chamaecyparis*). Sous forme cultivée, le cyprès de Nootka donne des arbres à port conique à pyramidal.

Les jeunes arbres ont un port conique relativement hérissé, alors que les spécimens plus vieux sont plus étalés, avec une cime très aplatie.

Écorce
Brun pâle et parcourue de fins sillons sur les jeunes arbres, rose brunâtre à grise, creusée de sillons transversaux peu marqués sur les spécimens plus vieux.

Cyprès de Leyland

Cupressocyparis leylandii

Ramules feuillés plats et pendants mesurant jusqu'à 30 cm de long.

Feuilles squamiformes en paires opposées, dont l'extrémité est soit aciculaire et libre, soit arrondie, incurvée et imbriquée dans les écailles supérieures, mesurant 0,2 à 1 cm selon la vigueur du ramule. Certaines feuilles portent une petite glande résineuse sur le dos.

Feuillage gris-vert pour le 'Haggerston Grey', gris-bleu pour le 'Naylor's Blue', bronze terne pour le 'Castlewellan', et parsemé de taches blanc crème pour le 'Harlequin'.

Cônes peu nombreux pour le 'Haggerston Grey', mais courants sur les autres variétés. Cônes de 1,5 cm de long, aux écailles peltées portant un petit mucron dorsal.

Arbre à feuilles persistantes

Il s'agit d'un hybride d'origine britannique des cyprès de Monterey et de Nootka. En effet, bien que ces deux espèces soient originaires d'Amérique du Nord, elles ne s'y croisent pas à l'état sauvage. Le cyprès de Leyland est plus proche du cyprès de Nootka. Sa vigueur d'hybride, ou hétérosis, est bien connue des jardiniers : sa croissance est en effet plus rapide que celle de chacun de ses parents. C'est pourquoi il remplace le cyprès de Monterey dans les haies, au grand dam des voisins. Il supporte la taille et pousse de 0,75 à 0,9 m par an ; taillé deux fois dans l'année, il fait rapidement écran. Il existe toutefois des espèces plus adaptées à la formation de haies, qui tolèrent mieux une taille irrégulière. Citons par exemple l'if, qui met guère plus de temps à donner une belle haie bien nette. *Cupressocyparis leeylandii* ne donne pas de graines. Il se multiplie par bouturage. La variété la plus élégante est le 'Naylor's Blue', dont le feuillage gris-bleu est particulièrement joli lorsque le soleil sort après la pluie.

Le 'Castlewellan' est issu de la variété dorée ou encore 'Lutea' du cyprès de Monterey, mais son feuillage bronze est un peu terne. 'Harlequin' et 'Silver Dust' sont deux variétés panachées du 'Haggerston Grey', qui donne du bois de feu.

Généralement sous forme de haies, souvent trop hautes, ce cyprès est également élégant seul. La photo ci-dessus représente la variété la plus connue du cyprès de Leyland, 'Haggerston Grey', qui est la plus facile à bouturer.

Écorce
Lisse et vert-brun sur les jeunes arbres, elle devient brun foncé et parcourue de sillons filandreux peu profonds sur les spécimens plus âgés.

Cyprès de Lawson, faux-cyprès de Lawson

Chamaecyparis lawsoniana

Feuilles squamiformes disposées en paires opposées, alternant paires frontales (l'une des feuilles de la paire vous fait face) et latérales.

Ramules feuillés étales, pendant à l'extrémité.

Feuilles frontales de 0,2 cm, rhombiques, portant une protubérance dorsale très marquée ; feuilles latérales aplaties de 0,3 à 0,8 cm de long ; bandes pruineuses blanches entre les feuilles.

Fleurs mâles formant en avril des cônes de 0,4 cm, noirs à rouge brique ; fleurs femelles épineuses glauques.

Maturation annuelle à l'automne ; cônes globuleux de 0,7 à 1 cm comptant 4 paires (plus rarement 5) d'écailles peltées.

Arbre à feuilles persistantes

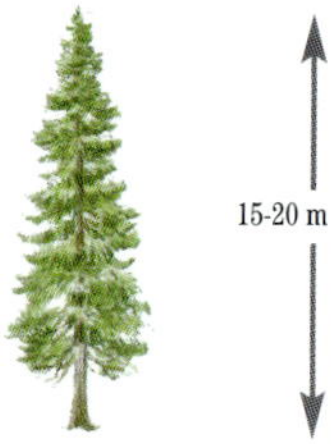

Le cyprès de Lawson est originaire de l'ouest de l'Oregon et du nord de la Californie, où il atteint 50 à 60 m de hauteur avec un tronc de 2 m de diamètre, généralement associé à d'autres conifères comme le sapin de Douglas. Son bois tendre et léger est exploitable commercialement. Le cyprès de Lawson craint les attaques du *Phytophtora*, un champignon unicellulaire de la famille du mildiou qui se nourrit des sucres libres présents dans les racines, ce qui entraî ne la mort de l'arbre. Cette maladie fongique d'origine aquatique se transmet souvent par la boue qui reste accrochée aux pneus des voitures. Ce parasite qui est en train de décimer la population sauvage tue également des arbres de jardins, qui sont ensuite colonisés par l'armillaire couleur de miel, un champignon aux gros carpophores capable de digérer le bois, et, de ce fait, accusé à tort de la mort du cyprès.

Ce faux cyprès doit son nom au botaniste écossais William Lawson qui fut le premier à le cultiver. Dans l'Oregon, sa patrie d'origine, on l'appelle « cèdre de Port Orford ». On commença à créer de multiples variétés cultivées peu après son introduction en Europe, en 1850, et l'on en compte aujourd'hui plusieurs centaines. Citons notamment le magnifique 'Intertexta', aux branches peu serrées gracieusement défléchies et aux ramules pendants couverts de feuilles gris-vert.

La photo ci-dessus illustre un cyprès de Lawson sauvage typique. Que l'on souhaite planter un spécimen isolé ou une haie, il existe une multitude de variétés cultivées arborescentes, dorées ('Stewartii' par exemple), bleues ('Pembury Blue' par exemple), ou encore au feuillage aciculaire juvénile persistant, comme 'Ellwoodii' et 'Fletcheri'. Il existe aussi un grand nombre de variétés naines ou à croissance ralentie.

Écorce
Brillante, lisse et gris-vert sur les arbres jeunes, elle devient brun-pourpre ou brun rougeâtre, parcourue de fissures et de sillons fibreux avec l'âge.

Sawara, faux-cyprès à feuilles pisiformes

Chamaecyparis pisifera

Feuilles squamiformes vert moyen de 0,15 à 0,4 cm de long, ramules marqués de raies blanches entre les feuilles au revers ; glande dorsale peu proéminente.

Cônes globuleux et anguleux de 0,5 à 0,7 cm de long, sur l'aplat du feuillage ou légèrement au-dessous ; 4 à 6 paires d'écailles portant un petit mucron.

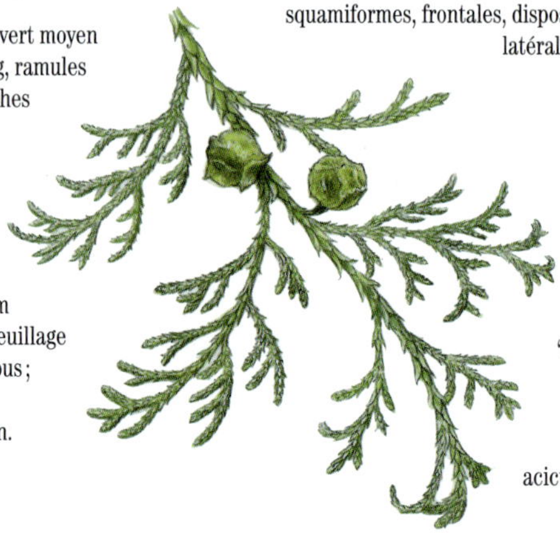

Ramules feuillés plats et serrés ; feuilles squamiformes, frontales, disposées en paires latérales identiques. Apex aigus et incurvés, mais libres.

La forme 'Squarrosa' ne porte qu'un feuillage juvénile, aciculaire et mou.

ESPÈCE VOISINE
Chamaecyparis thyoides
Petits ramules feuillés aplatis inclinés de 45 à 60° par rapport à la branche ; feuilles squamiformes gris-vert à l'apex incurvé et portant une glande dorsale proéminente.

Cônes globuleux, pourpre bleuté, portant 3 paires d'écailles.

Arbre à feuilles persistantes

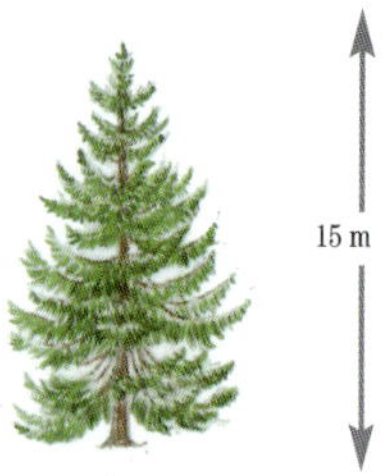

Ce faux cyprès est natif des îles de Honshu et de Kyushu au sud du Japon, où il constitue l'une des plus importantes essences forestières en raison de son bois tendre et léger. En Europe, c'est un arbre d'ornement. Le cultivar 'Aurea' est le plus proche de la forme sauvage, dont il se distingue cependant par son feuillage juvénile doré qui devient vert-jaune en persistant. La variété 'Plumosa' a un feuillage partiellement juvénile : ses feuilles sont en effet aciculaires, mais l'apex libre gris-vert jaunâtre ne mesure que 0,2 à 0,4 cm. La variété 'Squarrosa' porte en revanche un feuillage entièrement juvénile, la pointe libre des feuilles atteignant 0,5 à 0,7 cm de long. 'Boulevard' est une forme de 'Squarrosa' dont le feuillage est en principe beaucoup plus vif. Toutefois, cette variété pousse rarement bien en dehors des pépinières, sauf sur les meilleurs sols humides. Dans la plupart des jardins, 'Boulevard' est dévoré par les coléoptères et défraîchi.

C. thyoides est originaire de l'est des États-Unis, où il pousse sur les terres marécageuses du Maine à la Géorgie (on trouve une espèce voisine de la Floride au Mississippi). C'est un petit arbre qui dépasse rarement 10 m de hauteur. On connaît essentiellement 3 variétés cultivées, 'Andelyensis', 'Glauca' et 'Variegata', dont le feuillage est parsemé de grosses taches jaunes.

Le faux cyprès de Sawara a donné naissance à une multitude de cultivars que l'on retrouve dans nos jardins, comme ce splendide spécimen à feuillage doré.

ÉCORCE
Brun rougeâtre ou grise, lisse au début, puis profondément fissurée et parcourue de larges sillons desquamant légèrement.

Cèdre blanc

Calocedrus decurrens

Feuillage identique
des deux côtés, sans endroit
ni revers.

Ramules feuillés plats et
irrégulièrement disposés ;
feuilles squamiformes, en
paires opposées comme
chez les cyprès, mais les
2 paires se rejoignent
pour former un
verticille de 4 petites
écailles longuement
décurrentes.

Les écailles des
cônes portent un
petit mucron. Seule
la paire centrale est
fertile, chacune des
2 écailles renfermant
2 graines.

Graines largement
ailées d'un côté.

Cônes de 2 à 2,5 cm de
long portant 3 paires
d'écailles ligneuses
réunies à la base.
Cônes pendants
ou étalés, jamais
dressés ; ils
mûrissent à l'automne
de la première année.

Arbre à feuilles persistantes

Cet arbre est originaire d'une large bande sur la côte pacifique du continent américain, de l'Oregon à la Basse-Californie mexicaine et à l'intérieur des terres jusqu'à l'ouest du Nevada. Dans ces régions, il est de port pyramidal, avec des branches bien horizontales, ce qui diffère grandement de la forme à cime étroite cultivée en Europe. Une population isolée, récemment découverte à l'est du mont Hood dans le nord de l'Oregon, présente pour sa part des branches nettement plus courtes et un port colonnaire.

Son bois durable et odorant est tendre et facile à travailler, que ce soit dans le sens du bois ou non, et est recherché pour la fabrication de crayons. Cet arbre, qui tolère des emplacements et des conditions très variés, résiste bien à l'armillaire couleur de miel et au *Phytophthora,* ce qui s'avère précieux dans les zones infestées. Son écorce est généralement épaisse et sillonnée, mais certains spécimens sauvages ont une jolie écorce squameuse. Si les cônes ressemblent à ceux des thuyas, il existe néanmoins quelques différences notables entre les deux genres : les cônes des thuyas, généralement dressés sur les ramules feuillés, portent en effet 2 à 3 paires d'écailles fertiles, et les graines sont munies de 2 ailes symétriques.

Cultivés, ces arbres à la cime étroite ont généralement un port colonnaire, avec une prédominance de branches courtes et étales. La photo ci-dessus représente un spécimen d'une population isolée du nord de l'Oregon (voir ci-contre) qui est probablement à l'origine des cultivars européens actuels. Il pousse dans une forêt de *Pinus ponderosa* (p. 94).

Écorce
Lisse, grise et pourpre lorsque l'arbre est jeune, brun rougeâtre et sillonnée ou desquamante sur les vieux spécimens.

Thuya géant, thuya de Lobb

Thuja plicata
La face supérieure des ramules est vert foncé, mate à brillante ; le revers est beaucoup plus pâle, marqué de lignes blanches entre les feuilles squamiformes.

Minuscules inflorescences mâles coniques noires de 0,1 à 0,2 cm.

Ramules feuillés aplatis et ouverts, feuilles fortement aromatiques, sentant l'ananas lorsqu'on les froisse. Feuilles squamiformes disposées en paires opposées ; feuilles frontales petites, aiguës, avec une glande dorsale peu marquée ; feuilles latérales pointues.

Cônes ovoï des plus ou moins dressés comptant 4 ou 5 paires d'écailles soudées qui mûrissent dès le premier automne. Les écailles portent un petit mucron en crochet. Seules les 2 ou 3 paires d'écailles centrales renferment de petites graines munies de 2 ailes identiques.

Espèce voisine
Thuya du Canada, thuya d'Occident *Thuja occidentalis*
Les feuilles de ce thuya portent une glande dorsale proéminente et exhalent une douce odeur de pomme. Cônes ovoï des vert-jaune aux écailles lisses, non mucronées.

Arbre à feuilles persistantes

L'habitat naturel de ce thuya se trouve sur la côte pacifique de l'Amérique du Nord, du sud de l'Alaska au nord de la Californie, et à l'intérieur des terres sur le versant est des Rocheuses, de la Colombie-Britannique au nord de l'Idaho. Son bois est un peu rouge, tendre, facile à travailler, et d'une grande longévité naturelle. On l'utilise pour ériger la structure d'abris et de serres ou pour fabriquer des bardeaux de toiture. On le cultive comme espèce ornementale ou pour l'exploitation forestière. C'est une espèce à croissance rapide qui tolère des emplacements fort divers, depuis les sols arides, sableux ou calcaires, jusqu'aux emplacements humides.

Le thuya du Canada est un arbre beaucoup plus petit et à croissance plus lente originaire de l'est de l'Amérique du Nord. On l'appelle aussi « *Arbor vitae* », c'est-à-dire l'arbre de vie, en raison de la forte teneur en vitamine C de ses feuilles, que les premiers explorateurs utilisaient pour lutter contre le scorbut.

Le thuya géant a un joli feuillage aéré qui laisse passer la lumière, ce qui en fait une espèce tout à fait appropriée pour les haies : s'il faut tailler la haie, on peut généralement la réduire jusqu'au feuillage juvénile.

Écorce
Brun-rouge et fissurée, pelant en longues lanières qui se décollent ; la base du tronc est souvent cannelée et évasée.

Hiba, thuya à feuilles en herminette

Thuyopsis dolobrata
Ramules feuillés drus très aplatis, disposés en plans, vert moyen brillant sur leur face supérieure, maculés de grosses taches blanches au revers.

Cônes subglobuleux de 1 à 2 cm, vert bleuâtre en été, puis bruns en automne (maturation annuelle) ; 3 à 4 paires d'écailles soudées à la base, épaisses et coriaces, récurvées à l'apex.

Feuilles squamiformes de 0,4 à 1 cm disposées en paires opposées dissymétriques ; feuilles frontales en navette, apex libre et arrondi ; celles du dessus portent une glande de résine peu marquée, pas de bandes blanches sur leur face supérieure, mais 2 traits blancs au revers ; feuilles latérales en hachettes, aplaties, apex aigu et libre, avec une large bande blanche au revers.

Espèce voisine
Platycladus orientalis
Ramules feuillés plats, branches dressées ; feuilles en paires à peu près identiques, sans marques blanches.

Cônes ovoïdes ou en forme d'urnes grecques, dressés, de 1,5 à 2 cm ; écailles coriaces à pointe recourbée. Graine sans aile de 3 mm de long.

Arbre à feuilles persistantes

Le hiba ou thuya à feuilles en herminette est indigène sur les quatre îles principales du Japon. La forme classique pousse dans la moitié sud de Honshu, de Kyushu et de Shikoku, alors que dans la partie nord de Honshu et à Hokkaido on trouve la var. *hondoensis* (qui se distingue par ses feuilles plus petites et plus serrées et l'absence de mucron recourbé sur les écailles de ses cônes). Cet arbre produit un bois léger de qualité, mais il pousse trop lentement en Europe pour une exploitation forestière. Le nom latin du genre fait référence à sa ressemblance avec les thuyas, le qualificatif de l'espèce à la forme de ses feuilles latérales en hachettes.

La terre natale du biota *Platycladus orientalis* serait en Chine, de Pékin jusqu'au Yunnan, mais il se pourrait également qu'il soit originaire du nord de l'Iran. Quoi qu'il en soit, la forme cultivée est largement répandue. Le biota supporte des climats fort divers, depuis les hivers secs et froids et les étés humides de Pékin jusqu'au climat variable de l'Europe occidentale et aux conditions tropicales de Bangkok. On le classe souvent comme une espèce de thuya, mais ses cônes sont beaucoup plus gros, avec des écailles coriaces et des graines sans aile ; en outre, son feuillage dont les feuilles frontales et latérales sont presque identiques n'est pas odorant. Le biota survit même dans le mortier humide qui s'effrite sur les vieilles murailles.

Le hiba est un bel arbre d'ornement au port conique et au tronc souvent divisé. Comme les autres membres de la famille des cupressacées, son feuillage pousse pratiquement jusqu'à terre.

Écorce
Brune, finement fissurée, puis formant de fines lanières grises à brun-rouge violacé qui se décollent sur les spécimens âgés, révélant un endoderme orange

Genévrier à encens

Juniperus thurifera

Cône globuleux (galbule) de 0,7 à 0,8 cm portant de petites épines, vestiges d'anciennes écailles ; bleu-vert, brun à maturité (maturité bisannuelle), contenant 2 à 4 graines.

Ramules feuillés courts et plats, disposés de façon irrégulière autour des branches ; feuilles squamiformes de 0,1 à 0,5 cm, en paires identiques opposées, décurrentes, avec un apex triangulaire et une pointe dure et libre. Glande dorsale proéminente sécrétant de la résine blanche sur les feuilles les plus vieilles.

Espèces voisines

Genévrier de Virginie *Juniperus virginiana*

Feuilles essentiellement squamiformes en paires opposées, mais avec quelques paires de feuilles juvéniles à la base et à l'extrémité des ramules. Feuilles squamiformes de 0,1 à 0,2 cm, vert-gris à vert foncé, avec une petite glande dorsale. Feuilles juvéniles de 0,3 à 0,6 cm, aciculaires, veloutées sur la face intérieure. Cônes bleus ou brunâtres de 0,4 à 0,6 cm, très pruineux, mûrissant dès le premier automne et contenant 1 à 2 graines.

Genévrier de Chine *Juniperus chinensis*

Feuillage généralement mixte, avec des feuilles squamiformes et des feuilles juvéniles aciculaires, très semblable à celui du genévrier de Virginie, hormis le fait que les juvéniles sont ternées. Maturité bisannuelle. Le contour des écailles demeure visible sur les cônes.

Arbre à feuilles persistantes

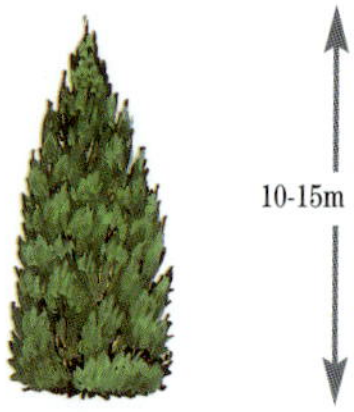

Le genévrier à encens pousse dans tout le centre, le sud et l'est de l'Espagne, mais aussi dans les Alpes du sud-est de la France et en Afrique du Nord. C'est l'une des nombreuses espèces de genévriers que l'on trouve dans le Bassin méditerranéen qui donnent de petits arbres. Les cônes de genévrier ressemblent à ceux des cyprès, mais au lieu de devenir ligneuses, les écailles restent charnues, de sorte que leur galbule ressemble à une baie. Les écailles d'origine demeurent visibles sur certaines espèces, mais pas sur d'autres, le genévrier de Virginie notamment.

Natif de la majeure partie de la Chine et des régions côtières du Japon, le genévrier de Chine est utilisé comme arbre d'agrément sous l'un de ses multiples cultivars ('Aurea' par exemple, arbre mâle au beau feuillage jaune, ou encore 'Kaizuka', arbre femelle au feuillage essentiellement adulte et chargé de cônes). La façon la plus simple de distinguer le genévrier de Virginie de celui de Chine consiste à examiner leurs feuilles juvéniles : celles du premier sont disposées en paires, celles du second par groupes de trois. Les cônes ovoï des de 0,5 cm de long du genévrier de Chine atteignent 0,7 à 0,8 cm ; ils deviennent brun foncé au cours du deuxième hiver, avec 1 à 4 graines brunes et brillantes.

Le genévrier à encens est typique des lieux arides, où il pousse de façon isolée, à moins qu'il y ait davantage d'humidité (en présence de cours d'eau saisonniers par exemple).

Écorce
Brun foncé et écailleuse, pelant en longues lanières sur les vieux arbres.

Genévrier commun

Juniperus communis

Le fruit ovoï de de 0,6 à 0,9 cm met 3 ans à mûrir : généralement vert la première année, il est bleu et pruineux la deuxième et bleu nuit à maturité la troisième ; il contient 1 à 3 graines.

Ramules feuillés tridimensionnels étalés, un peu pendants ; feuilles aciculaires de 1 à 2 cm de long, ternées, terminées par un apex dur et aigu, piquantes, soudées à la base, mais non décurrentes.

ESPÈCE VOISINE
Genévrier Cade *Juniperus oxycedrus*
Feuilles aciculaires piquantes de 1 à 2,5 cm de long, ternées, formant des verticilles plus souples que ceux du genévrier commun, mais tout aussi pointues.

Galbules ovoï des de 0,5 à 1 cm, mûrissant au cours du deuxième été et prenant alors une teinte brun rougeâtre foncé à pourpre violacé, et contenant généralement 3 graines.

Arbre, arbuste ou sous-arbrisseau étalé à feuilles persistantes

Le genévrier commun est l'arbre le plus largement répandu, présent dans l'ensemble de l'hémisphère Nord tempéré, de la Grande-Bretagne jusqu'à l'Afrique du Nord au sud et au Japon à l'est, et en Amérique du Nord de la majeure partie du Canada jusqu'aux Rocheuses et aux Appalaches. Toutefois, sur la majeure partie de cette aire de distribution, il ne donne que des arbrisseaux, et dépasse très rarement 8 m de hauteur. S'il tolère des emplacements très divers, des sols calcaires aux tourbes acides, il exige en revanche un ensoleillement modéré à important. Le bois de genévrier n'est pas courant. Chauffé au-dessus d'un feu, il dégage une fumée odorante utilisée pour fumer viandes et poissons. Par ailleurs, ses fruits parfument le meilleur gin.

Le genévrier Cade est originaire de tout le sud de l'Europe, jusqu'au Caucase, au nord de l'Irak et de l'Iran. Plus grand que le genévrier commun, il atteint parfois 15 m de hauteur, mais forme aussi parfois des sous-arbrisseaux étalés, généralement ramifiés dès la base. Il se distingue par ses longues feuilles qui exhalent une odeur d'herbe lorsqu'on les froisse (alors que les feuilles de *J. communis* dégagent une douce odeur citronnée). Ses fruits brunissent à maturité dès la deuxième année.

Le genévrier prend des formes très diverses, souvent sur le même emplacement. Voici un spécimen typique. Dans le meilleur des cas, il donne un arbre plutôt rabougri.

Écorce
Brun rougeâtre, se détachant en lambeaux papyracés sur les individus âgés.

Séquoia géant, wellingtonia, séquoia mammouth

Sequoiadendron giganteum

Ramules rigides couverts de feuilles brillantes vert-gris.
Feuilles squamiformes atteignant 0,6 cm, décurrentes, spiralées, à l'apex long et libre.

Cônes ovoï des de 4 à 5 cm, verts puis bruns à maturité lors du deuxième automne, comptant 40 à 50 écailles peltées.

Graine, petite, munie de 2 ailes étroites.

Inflorescences mâles jaunes au printemps.

Arbre à feuilles persistantes

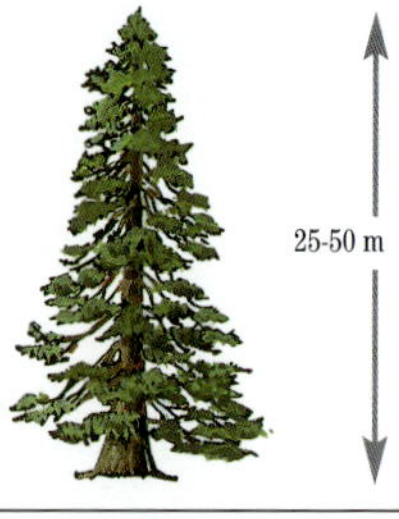

L'habitat naturel du séquoia géant se résume à quelques douzaines de gorges et défilés de la sierra Nevada, dans l'est de la Californie. Le plus grand de tous ces arbres, dit le « Général Sherman », a un tronc de 10 m de diamètre ; il mesure 85 m de haut et pèse d'après les estimations quelque 6 000 tonnes. Pourtant, comme tous ses congénères, il est issu d'une graine qui pèse environ 1/6000 de gramme. L'écorce des vieux spécimens dépasse parfois 30 cm d'épaisseur. Elle est spongieuse et fibreuse, mais néanmoins nettement plus dure que celle des *Sequoia.* Certains grimpereaux et autres petits oiseaux y creusent sans difficulté des niches où ils se réfugient en hiver. Le bois cassant et de piètre qualité n'est pas exploité.

C'est en 1854, peu après la mort du duc de Wellington, qu'un botaniste britannique découvrit cette espèce et la nomma en son honneur *Wellingtonia gigantea*. Toutefois, ironie du sort qui n'aura pas déplu à Napoléon, un Français avait déjà donné le nom du duc à un genre africain. Le séquoia géant fut alors classé dans le genre *Sequoia*, où il demeura assez longtemps pour que le congrès américain crée le Sequoia National Park dans le but de protéger cette espèce. Il a ensuite été décidé que le séquoia géant constituait un genre monotypique indépendant, *Sequoiadendron*.

Si, dans la Sierra Nevada, le séquoia géant forme d'impressionnants bosquets d'arbres énormes, en Europe, on plante cet arbre d'ornement de façon disséminée ou en bordure des avenues.

Écorce
Brun-rouge et très épaisse, rapidement parcourue de profonds sillons, souvent parsemée de petites niches en forme de coupes creusées par les oiseaux.

Séquoia toujours vert, séquoia à feuilles d'if

Sequoia sempervirens

Arbre à feuilles persistantes

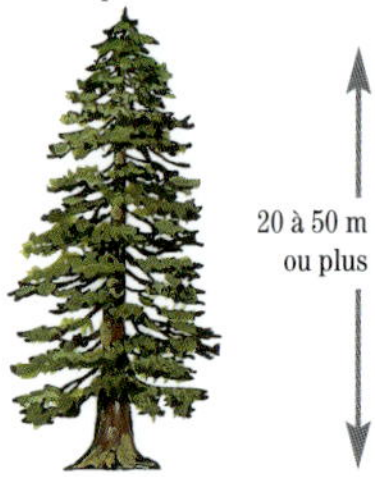

Le séquoia à feuilles d'if ne pousse à l'état sauvage que sur la côte californienne, du nord de San Francisco jusqu'à la pointe sud-ouest de l'Oregon, en d'autres termes dans les brumes du littoral californien. On pense d'ailleurs que le brouillard fournit à cet arbre une partie non négligeable de l'eau dont il a besoin. On ne sait pas en revanche comment il achemine cette eau et les matières nutritives depuis ses racines jusqu'à sa cime. Le plus grand spécimen mesure en effet 114 m, et une colonne d'eau de cette hauteur exercerait une pression de plus de 11 fois supérieure à la pression atmosphérique. Les arbres les plus hauts poussent au fond des vallées, où les inondations périodiques tuent les espèces concurrentes. L'écorce très épaisse protège enfin très bien le séquoia des incendies de forêt. Le séquoia à feuilles d'if appartient au genre *Sequoia*, distinct de *Sequoiadendron* (p. 38). Ce nom fait référence à Sequoiah, le fils d'un commerçant britannique et d'une Indienne Cherokee. Cet homme, qui aurait inventé un alphabet permettant d'écrire la langue cherokee, a donné son nom à trois genres végétaux, *Sequoiadendron* (p. 38) et *Metasequoia* (p. 42) devant leur appellation à leur affinité avec le séquoia à feuilles d'if, alors qu'il n'en a peut-être pas vu un seul.

Le séquoia à feuilles d'if est l'un des rares conifères à bien rejeter de souche. Son bois d'excellente qualité est utilisé par les charpentiers et les menuisiers.

Écorce
Brun-rouge, très épaisse parcourue de profonds sillons, fibreuse et très souple.

Métaséquoia de Chine

Metasequoia glyptostroboides

Feuilles de 1,5 à 2,5 cm, en paires opposées, distiques, souples, étroites et droites, glauques à vert-jaune.

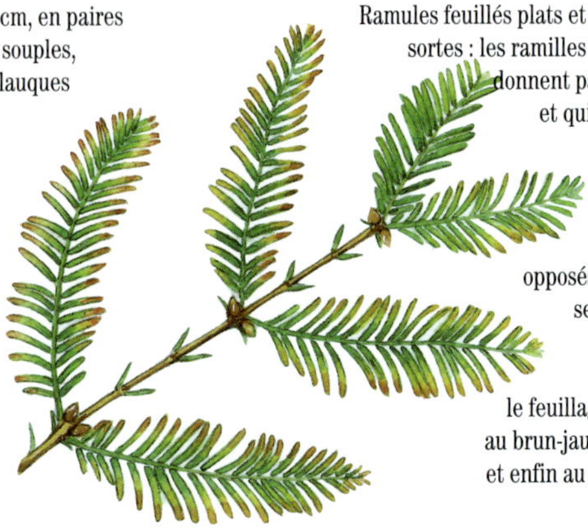

Ramules feuillés plats et pennés de deux sortes : les ramilles latérales qui ne donnent pas de bourgeons et qui sont caduques, et les rameaux persistants qui portent des bourgeons opposés et sur lesquels seules les feuilles sont caduques. À l'automne, le feuillage passe du vert au brun-jaune, puis au rose et enfin au brun rougeâtre.

Les jeunes pousses portent des bourgeons opposés ; cicatrice laissée par la marque des feuilles.

Petites grappes de fleurs mâles pendantes sur les ramilles caduques au début du printemps.

Les cônes ovoïdes pointus de 2 cm ont un pédoncule de 2 à 4 cm de long ; ils portent des écailles peltées en paires opposées. Ils passent du vert au brun en mûrissant au cours du premier automne.

Arbre à feuilles caduques

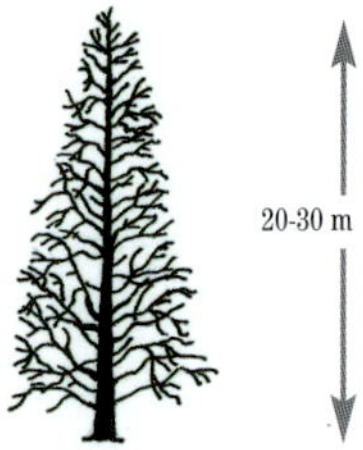

Le métaséquoia de Chine est originaire d'une petite partie des provinces du Hubei et du Sichuan en Chine centrale. Il existe cependant des spécimens bien protégés dans l'Arctique canadien, estimés à 50 millions d'années, et les fossiles retrouvés dans la houille de nombreuses régions de l'hémisphère Nord indiquent que cet arbre était largement répandu. C'est seulement dans les années 1940 que l'on a retrouvé les survivants chinois, et cet arbre n'a été introduit en Europe qu'en 1948. Le nom chinois de l'espèce est littéralement « sapin d'eau », en référence à l'habitat marécageux de cet arbre à l'état sauvage. Cependant, si le métaséquoia de Chine supporte d'avoir les pieds (et les chevilles) dans l'eau, c'est sur un sol humide et profond qu'il est le plus heureux. Il supporte par ailleurs certains emplacements un peu secs. Cette grande faculté d'adaptation en fait un arbre d'agrément très prisé, d'autant plus que son feuillage fourni arbore de superbes couleurs à l'automne. En hiver, on reconnaît ses rameaux aux doubles cicatrices qu'ils portent de part et d'autre des bourgeons. Les bourgeons se trouvent en effet à l'aisselle des feuilles, de sorte que celles-ci en tombant laissent une marque sous le bourgeon. Les ramilles caduques poussent pour leur part juste au-dessus des bourgeons, d'où la seconde cicatrice.

Le feuillage assez diffus de cette espèce à port conique en fait un bel arbre d'ornement toute l'année.

Écorce
Brun orangé à brun-rouge, lisse sur les arbres jeunes, mais formant vite des lambeaux papyracés, elle est fibreuse, parcourue de sillons filandreux. Tronc souvent évasé à la base.

Cyprès chauve, cyprès de la Louisiane

Taxodium distichum

Feuilles vert pâle de 1 à 2 cm de long, virant au rouge brique en novembre. Les feuilles des ramilles caduques tombent sans se détacher.

Ramules feuillés de deux types : sur les rameaux persistants, feuilles squamiformes et spiralées ; sur les rameaux caducs, feuilles linéaires et planes, distiques.

Cônes globuleux de 2,5 à 3 cm, passant du vert au brun en mûrissant dès le premier automne, intacts lorsqu'ils se détachent, puis se brisant généralement à terre pour libérer les graines. Écailles peltées.

Les rameaux portent de petits bourgeons spiralés de 0,1 à 0,15 cm. Si l'arbre pousse sur un sol détrempé ou très humide, il développe des pneumatophores.

ESPÈCE VOISINE
Cyprès de Virginie
Taxodium ascendens
Feuilles spiralées vert vif mesurant jusqu'à 1 cm de long, ramules feuillés dressés au départ.

Arbre à feuilles caduques

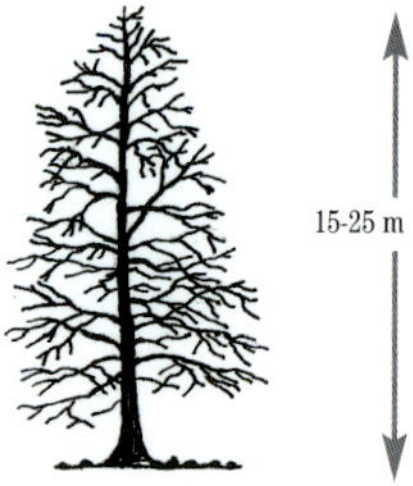

La terre natale de cet arbre couvre un large quart sud-est des États-Unis, du New Jersey au Texas en passant par la vallée du Mississippi. Typique des fonds de vallée humides, il affectionne les inondations répétées. Toutefois, si l'on en trouve dans les marécages permanents, les sols humides et bien drainés lui conviennent davantage, bien qu'il ne puisse y rivaliser avec les feuillus à croissance plus rapide. Sur les terrains inondés, en revanche, ses pneumatophores (voir photo de l'écorce, p. 45) règlent le problème de l'oxygénation des racines. Il s'agit en fait d'épaisses émergences surgissant du sol et permettant aux racines de respirer.

Le cyprès chauve doit son nom à son feuillage caduc. Son habitat naturel est plus chaud que la majeure partie de l'Europe, de sorte que ses feuilles n'apparaissent souvent pas avant le mois de juin, ne changent pas de couleur et ne tombent pas avant novembre.

T. ascendens pousse à l'état sauvage de la Virginie à la Louisiane, généralement en plaine, autour des étangs plutôt qu'à proximité des cours d'eau. Ses feuilles sont squamiformes sur les rameaux caducs. Il produit rarement des pneumatophores. Il doit son nom latin à son feuillage ascendant au départ, mais il retombe en automne.

S'il est bien adapté aux lieux humides, le cyprès chauve est également très heureux dans un endroit sec.
Les jeunes arbres ont un port conique. Sur la photo ci-dessus, un spécimen âgé à la cime étalée.

ÉCORCE
Brun terne à brun rougeâtre, se fissurant avec l'âge, puis pelant en lanières étroites.

Cryptomeria, cryptomère du Japon

Cryptomeria japonica

Feuilles aciculaires, souples et arquées, vert moyen à foncé, maculées de 2 marques blanchâtres, mesurant jusqu'à 2 cm, les plus longues étant au milieu du rameau.

Ramules feuillés tridimensionnels, les feuilles disposées en 5 rangées radiales autour du rameau.

Cônes globuleux, passant du vert au brun à maturité dès le premier automne. 20 à 30 écailles peltées portant un mucron recourbé et 3 à 5 dents triangulaires pointues et dressées.

Les inflorescences mâles se développent à l'aisselle des feuilles, près de la pointe des rameaux de l'année précédente. Elles forment des cônes ovoï des à oblongs vert-jaune de 0,4 à 0,8 cm.

Arbre à feuilles persistantes

Le cryptomeria est originaire du sud de l'archipel japonais. Toutefois, comme il est cultivé dans tout le Japon depuis des siècles, sa véritable terre natale est difficile à établir. Il reste quelques vieux arbres très imposants sur la petite î le méridionale de Yakushima. C'est l'un des rares conifères à rejeter de la souche s'il est abattu. Son bois tendre et clair rappelle celui des séquoias. *C. elegans* est une forme cultivée au moins aussi courante. C'est une forme de jeunesse durable aux feuilles plus longues, plus espacées et plus souples. L'arbre peut atteindre 30 m de haut, mais il est généralement penché. Il produit des cônes, mais c'est l'un des arbres les plus faciles à bouturer. On trouve également *Cryptomeria* en Chine, au sud du Yangzi Jiang (fleuve Bleu), où il est cultivé pour son bois. Certains considèrent cet arbre comme une espèce à part entière, d'autres comme une variété ou une forme de *C. japonica.* Il se distingue par son joli feuillage vert, frais et souple, plus pendant que celui de l'arbre japonais. Il n'est toutefois pas exclu qu'il ait été introduit du Japon il y a fort longtemps.

Les jeunes cryptomerias ont un port conique, les plus vieux une cime arrondie avec des rameaux espacés.

Écorce
Brun-rouge à brun orangé. Desquamant en petits lambeaux sur les jeunes arbres, elle est épaisse et fibreuse sur les vieux spécimens, où elle se détache en longues lanières.

If

Taxus baccata

Feuilles atteignant 3 cm de long, étroites, droites et plates, pointues ou arrondies.

Face supérieure vert profond, avec une nervure médiane en relief ; revers plus pâle.

Ramules feuillés plats, feuilles distiques de part et d'autre du rameau vert.

Inflorescences mâles jaunes en chatons au printemps, brièvement pédonculés.

Une seule graine enveloppée d'un tégument charnu, l'arille, qui grossit et passe du vert au rouge au cours de la maturation de la graine ; jusqu'à 1 cm de long.

Arbre à feuilles persistantes

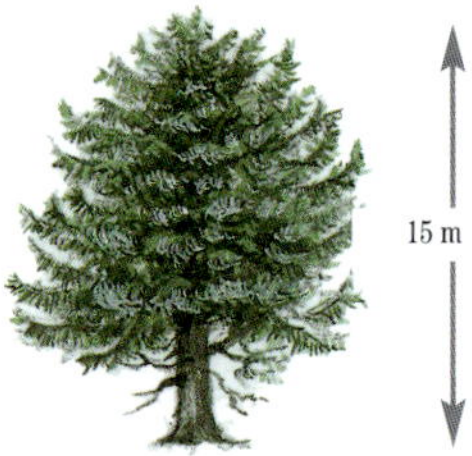

L'if est indigène dans la majeure partie de l'Europe, au sud jusqu'en Afrique du Nord et à l'est jusqu'en Iran. Cet arbre parfois très trapu peut avoir jusqu'à 2 m et plus de diamètre, mais il dépasse rarement les 15 m de haut. C'est l'essence européenne qui a la plus longue longévité : on connaî t en effet des ifs de plus de 2 000 ans. Il a la réputation de pousser lentement, mais il peut croî tre de 30 cm par an en moyenne, de sorte qu'il formera une haie presque aussi vite que le cyprès de Leyland (p. 22). En fait, il est parfait pour réaliser haies, labyrinthes et topiaires, car on peut le tailler de la forme que l'on veut. L'if contient des alcaloï des toxiques pour l'homme et les animaux domestiques, mais visiblement sans danger pour les cervidés, qui dévorent son feuillage à cœur joie. Chevaux et bovins, en revanche, peuvent mourir en mangeant de l'if. Les hommes courent le même danger, mais le risque est minime, car le feuillage est très amer. La seule partie de l'if qui ne soit pas toxique est l'arille rouge, qui contient des sucres ; les blaireaux en sont friands.

Dur et dense, le bois d'if est d'excellente qualité. L'arc droit anglais dit *longbow* était autrefois en if, les facteurs louant l'aubier blanc et tendre pour son élasticité, et le bois dense du cœur pour sa puissance.

Les ifs sont généralement disséminés (comme ici), mais il arrive qu'ils forment sur les pentes crayeuses de sombres et denses bosquets, parfois égayés au printemps par les nouvelles feuilles argentées des alisiers qui poussent à leurs côtés.

Écorce
Lisse et brun-pourpre sur les jeunes arbres, puis s'exfoliant en lambeaux, révélant ainsi des plaques brun-rouge, pourpres ou jaunes.

Mélèze commun, mélèze d'Europe

Larix decidua

Feuilles molles, linéaires, atteignant 3,5 cm de long, vertes, avec 2 marques blanchâtres au revers ; éparses sur les rameaux allongés, en rosettes de 30 à 40 feuilles sur les dards.

Feuillage vert clair au printemps, jaune à l'automne.

Cônes dressés, coniques ou cylindriques, de 3 à 4,5 cm ; composés d'écailles ligneuses arrondies, munies de bractées visibles seulement entre les écailles les plus basses. Maturation automnale annuelle.

Les rameaux sont d'un jaune paille brillant à brun jaunâtre en hiver.

ESPÈCES VOISINES

Larix gmelinii

Les feuilles (ci-contre) sont plus larges à l'extrémité. Petits cônes ovoïdes de 1,2 à 3 cm de long seulement, brun brillant, avec un petit nombre d'écailles (15 à 20).

Mélèze de Dahurie *Larix sibirica*
Rameaux et cônes pileux au départ (ci-contre). Cônes ovoïdes ou globuleux de 3 à 4,5 cm de long, composés d'écailles ovales et poilues.

Arbre à feuilles caduques

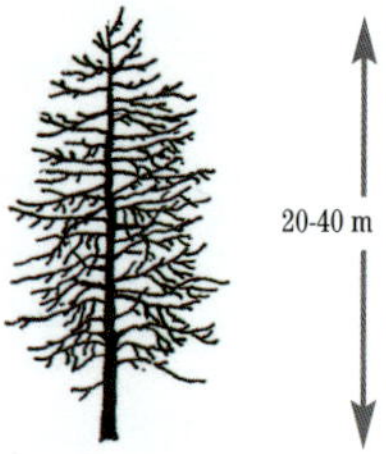

Le mélèze est natif des montagnes d'Europe centrale, depuis les Alpes jusqu'aux Tatras au nord et aux Carpates à l'est. Son bois durable est utilisé traditionnellement dans les constructions navales et la confection de clôtures. Le mélèze est donc cultivé pour une exploitation forestière, mais aussi en tant qu'espèce à feuilles caduques, pour rompre les plantations d'arbres toujours verts. Il fait également office de coupe-feu, car son feuillage ne brûle pas et il n'y a donc pas accumulation de litières inflammables. Ses feuilles qui poussent au début du printemps arborent à l'automne une belle teinte jaune vif, qui, rehaussée par la couleur dorée des rameaux eux-mêmes, illumine la forêt.

L. sibirica pousse pour sa part du nord-est de la Russie jusqu'en Sibérie et au lac Baïkal, et au sud jusque dans l'extrême ouest de la Chine. On le reconnaît aisément à la pilosité de ses pousses et des écailles de ses cônes ovales à subglobuleux.

L. gmelinii est quant à lui indigène de la Sibérie orientale au nord-est de la Chine. Il se distingue par ses petits cônes formés d'un petit nombre d'écailles et par ses feuilles évasées à l'extrémité. En Europe de l'Ouest, ces deux espèces ont leurs feuilles trop tôt, souvent dès janvier, de sorte qu'elles souffrent des gelées printanières.

Les mélèzes forment des forêts denses dans les Alpes et les Tatras, avec des individus isolés à haute altitude. C'est aussi un arbre forestier largement cultivé.

ÉCORCE
Lisse et grise chez les jeunes arbres, puis brun-rouge et fissurée, et enfin écailleuse et creusée de profonds sillons chez les vieux spécimens.

Mélèze du Japon

Larix kaempferi

Feuillage vert bleuté ou gris-vert, devenant jaune pâle à orange en automne, épars sur les rameaux longs et en rosettes de 20 à 35 feuilles sur les dards courts. Feuilles molles, linéaires, à section transversale rhombique, velues à la base, mesurant jusqu'à 6 cm de long, mais généralement 4 cm seulement.

Rameaux pourpre rougeâtre, pruineux lors du premier hiver.

Cônes ovoï des dressés de 2,5 à 3 cm, composés d'écailles ligneuses réfléchies, fines mais rigides ; bractées non visibles, ou alors seulement les pointes entre les écailles ; brun moyen à l'automne (maturité annuelle).

Espèce voisine
Larix marschlinsii
Hybride dont les cônes se situent entre ceux du mélèze du Japon et ceux du mélèze d'Europe.

Arbre à feuilles caduques

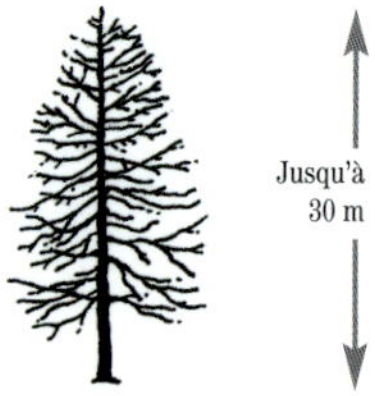

Le mélèze du Japon est originaire du centre de l'î le de Honshu, au Japon. Son bois est similaire à celui du mélèze commun, mais sa croissance est trois fois plus rapide, et il est mieux adapté aux sols lourds. Ses branches rougeâtres, très différentes des rameaux jaune paille du mélèze commun, donnent un reflet pourpre à l'ensemble de la plantation.

L. marschlinsii est un hybride obtenu à partir du mélèze commun et du mélèze du Japon. Situé au carrefour de ces deux espèces, il se croise spontanément avec l'une ou l'autre, masquant encore davantage les distinctions. Les deux parents étant très proches, mais ayant été géographiquement séparés pendant très longtemps, *L. marschlinsii* a la vigueur propre aux hybrides (hétérosis), ce qui explique sa croissance rapide dans les plantations forestières. On l'appelle aussi *L. eurolepis*, un nom qui fait référence à ses deux parents, *L. europaea* étant un synonyme de *L. decidua*, et *L. leptolepis* un synonyme de *L. kaempferi*.

Les fleurs des mélèzes se forment sur les rameaux âgés de 2 ans au moins. Après la floraison, ces dards meurent. Il arrive qu'une ramille se forme à l'extrémité du cône, mais elle ne dure qu'un été. Les fleurs mâles sont jaunes et les femelles souvent roses ou pourpres.

Le mélèze du Japon illumine le début du printemps en se couvrant de feuilles avant les autres arbres. Il arbore, en outre, de magnifiques couleurs en automne.

Écorce
Lisse et rouge ou brun-pourpre, puis fissurée et écailleuse, s'exfoliant en lambeaux gris sur les vieux arbres.

Cèdre du Liban

Cedrus libani

Feuillage épars sur les longs rameaux, en rosettes de 10 à 20 feuilles sur les courts, persistant pendant 2 à 3 ans, jusqu'à ce que 30 à 60 aient poussé sur de courts rameaux dressés. Feuilles quadrangulaires aiguës de 2 à 2,5 cm, gris-vert, parcourues de lignes blanches sur les 4 côtés.

Cônes cylindriques de 8 à 12 cm, brunissant à maturation dès le premier automne et se désarticulant au cours de l'année suivante, libérant ainsi leurs graines et leurs écailles à bractées et ne laissant plus sur la branche que l'axe piquant dressé.

Espèce voisine
Cèdre de l'Atlas *Cedrus atlantica*
Feuillage semblable à celui du cèdre du Liban, mais produisant plus de feuilles (30 à 45) chaque année sur les rameaux courts. Feuilles de 1,5 à 2,5 cm de long, généralement pruineuses, ce qui les fait paraî tre bleutées ou argentées.

Inflorescences mâles à la fin de l'automne, donnant de courts rameaux ; chatons dressés, mesurant jusqu'à 5 cm de long et produisant une grande quantité de pollen jaune. Fleurs femelles cylindriques, vertes, de 2 cm de long, donnant également de courts rameaux.

Arbre à feuilles persistantes

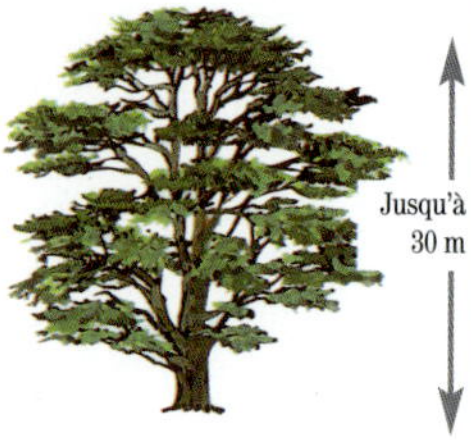

Le cèdre du Liban pousse à l'état sauvage en quelques points du versant ouest du mont Liban, où il reçoit les précipitations de la Méditerranée. On trouve également quelques spécimens au nord-ouest de la Syrie et au sud de la Turquie, mais qui n'ont pas son port caractéristique avec la cime large et les branches étalées. Son bois léger, durable et odorant est utilisé depuis des millénaires dans le bâtiment, comme en témoigne le fameux temple de Jérusalem érigé il y a près de 3 000 ans sur les ordres du roi Salomon.

Le cèdre de l'Atlas est seulement indigène dans les monts éponymes du Maroc et de l'Algérie, où il peuple encore de belles forêts. On cultive essentiellement la forme au feuillage bleuté, mais, à l'état sauvage, les arbres aux feuilles vertes sont tout aussi courants. Ces deux espèces de cèdres tolèrent des sites très divers, mais apprécient particulièrement les sols crayeux. En revanche, ils n'aiment pas l'ombre, et c'est en plein soleil qu'ils sont le plus beaux. Le cèdre du Liban a été introduit dans nos régions au XVIIe siècle, mais le cèdre de l'Atlas n'est arrivé que vers 1840. Si ce dernier est aujourd'hui plus couramment planté, c'est sans doute qu'il est plus élégant jeune. Les arbres adultes n'ont en revanche pas la noblesse des cèdres du Liban.

Si le cèdre du Liban développe des branches presque horizontales, les jeunes ont néanmoins un port hérissé. L'inconvénient des branches étalées, c'est qu'elles cassent plus facilement sous le poids de la neige humide.

Écorce
Gris foncé ou brune et lisse chez les jeunes spécimens, elle devient noirâre et parcourue de sillons écailleux avec l'âge.

Cèdre de l'Himalaya, déodar

Cedrus deodara

Les cônes cylindriques de 8 à 12 cm mûrissent l'automne qui suit la pollinisation (après un intervalle de 12 mois), mais ne se décomposent que l'année suivante.

Feuilles gris-vert à section rhombique (pas carrée), formant sur les rameaux courts de 3,5 à 4,5 cm de long des rosettes de 15 à 30 feuilles chaque année, persistant 2 à 3 ans.

Sur les rameaux longs, pendants à l'extrémité, feuilles aciculaires éparses atteignant 6 cm de long, à disposition hélicoï dale.

Les inflorescences mâles de 6 à 7 cm de long apparaissent à l'automne à l'extrémité des rameaux courts.

Arbre à feuilles persistantes

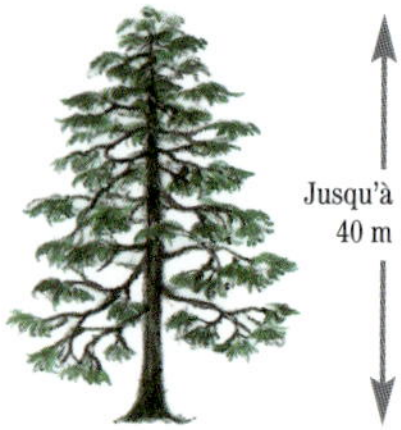

Jusqu'à 40 m

Ce cèdre est originaire du nord-ouest du sous-continent indien, de l'ouest du Népal à l'est de l'Afghanistan. C'est un bel arbre d'ornement qui est généralement plus attrayant jeune, lorsque sa croissance est vigoureuse, sa cime étroite et l'extrémité de ses rameaux bien pendante. Les vieux spécimens n'ont fière allure que lorsqu'ils poussent sur un sol humide. Ailleurs, ils ont l'air un peu dépenaillés. Le cèdre de l'Himalaya n'a pas le port caractéristique du cèdre du Liban aux branches étalées. Si ce dernier doit attendre une cinquantaine d'années, et le cèdre de l'Atlas 15 à 20 ans, pour être à son avantage, le cèdre de l'Himalaya est généralement très beau jusqu'à son vingtième anniversaire. L'idéal consiste à planter le remplaçant avant d'abattre le vieil arbre, ce qui n'est pas évident pour la majorité des jardiniers et paysagistes.

Comme celui de ses congénères, le bois du cèdre de l'Himalaya est utile. Cultivés, tous les vrais cèdres (c'est-à-dire les membres du genre *Cedrus*) s'hybrident, mais le cèdre de l'Himalaya est celui qui se distingue le plus des autres. Le terme *deodara* vient du nom indien de l'espèce.

Un cèdre de l'Himalaya est un bel arbre d'ornement, notamment en raison de ses rameaux pendants.

Écorce
Lisse et grise sur les jeunes arbres, puis elle se fissure, laissant apparaî tre de larges sillons noirs à gris rosé et de courtes côtes écailleuses.

Épicéa commun, sapin rouge, sapin de Norvège, pesse

Picea abies

Feuilles isolées, poussant sur une projection du rameau appelée pulvinus. Ce coussinet foliaire demeure après la chute des feuilles mais se détache aisément.

Rameaux feuillés glabres dessous, feuilles latérales étalées et feuilles supérieures rabattues en avant.

Feuilles quadrangulaires mesurant jusqu'à 2,5 cm de long, linéaires mais recourbées vers l'avant, vertes à gris-vert. Poussent sur des ramules brun-rouge, brun orangé ou brun doré.

Inflorescences femelles dressées à la floraison au printemps, puis pendantes après la pollinisation.

Cônes cylindriques de 10 à 20 cm, qui brunissent à l'automne (maturation annuelle) et libèrent leurs graines tout au long de l'hiver ; écailles rhombiques, fines et ligneuses.

ESPÈCE VOISINE
Épicéa de Sibérie *Picea obovata*
Cônes cylindriques ou ovales de 5 à 11 cm de long seulement, composés d'écailles arrondies, légèrement ligneuses.

Arbre à feuilles persistantes

L'épicéa commun est indigène dans toute l'Europe à l'exception des îles Britanniques et de l'Espagne. Bien qu'on l'appelle aussi sapin de Norvège, c'est dans les montagnes d'Europe centrale que l'on trouve les plus beaux spécimens. Longtemps arbre de Noël de prédilection, il est aujourd'hui fort heureusement secondé dans cette tâche par de nombreuses autres espèces. Cultivé dans de bonnes conditions, il peut faire un bel arbre d'ornement, mais cela est vrai de presque tous ses congénères. Son bois blanc de qualité est utilisé dans le bâtiment. Largement cultivé comme arbre forestier, il est cependant sensible à la sécheresse et redoute les attaques des pucerons, qui viennent sucer la sève dans les aiguilles. Dans les cas graves, les aiguilles meurent. Si l'attaque est moins forte, les aiguilles sont maculées de bandes transversales jaune pâle.

P. obovata est indigène du nord-ouest de l'Europe à la Sibérie centrale. Il n'est pas un proche parent de l'épicéa commun, mais leurs aires de répartition s'étant imbriquées depuis la fin de la dernière glaciation, ils ont donné naissance à une multitude d'hybrides.

L’épicéa commun est un bel arbre dans les régions montagneuses où son feuillage descend jusqu’au sol.

ÉCORCE
Brun-rouge et couverte de fins lambeaux sur les arbres jeunes, puis écailleuse à la base et virant au gris ou au pourpre chez les sujets âgés

Sapinette d'Orient

Picea orientalis

Feuilles quadrangulaires courtes (0,6 à 0,8 cm de long seulement), vert foncé lustré, sur rameaux bruns velus.

Cône cylindrique ou fuselé de 6 à 10 cm de long, évasé au centre, brun à maturité.

Au printemps, chatons mâles rouge brique atteignant 2 cm de long et libérant un pollen jaune.

ESPÈCE VOISINE
Sapin de Serbie, épicéa de Serbie
Picea omorika
Feuilles aplaties de 2 à 2,5 cm, vert brillant dessus, vert argenté au revers ; appliquées sur le dessus des rameaux, étalées dessous.

Le sapin de Serbie a un port étroit très élancé, à la façon d'un clocher.

Arbre à feuilles persistantes

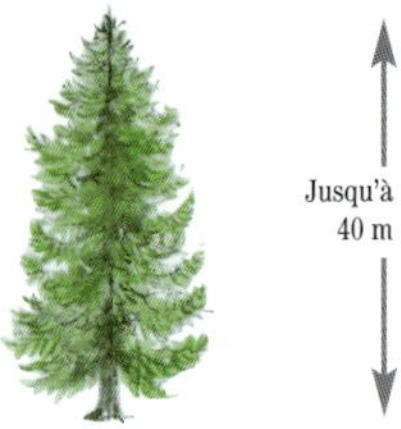

La sapinette d'Orient est originaire du nord de la Turquie, le long de la mer Noire, et du Caucase. Si ses feuilles sont plus courtes que celles de ses congénères, elle n'en est pas moins très feuillue et garde ses aiguilles pendant plusieurs années, ce qui lui donne fière allure. Elle est particulièrement jolie à la fin du printemps lorsque ses chatons mâles serrés couvrent le haut de l'arbre de fleurs rouge brique qui produisent un pollen jaune. Situées sur la partie supérieure de la couronne, les fleurs femelles, d'un rouge-pourpre vif, sont moins abondantes. Cet arbre ornemental, que l'on plante de façon isolée dans les parcs et jardins, est moins sensible aux attaques de pucerons que le sapin de Norvège.

L'habitat naturel du sapin de Serbie se résume à quelques sites sur les rives de la Drina, qui borde la Serbie et la Bosnie-Herzégovine. Il produit de petits cônes bleu violacé, ovales à coniques de 3 à 6,5 cm, généralement concentrés dans la partie supérieure de l'arbre. Son port élancé très étroit caractéristique serait le résultat d'une adaptation visant à limiter les dégâts provoqués par la neige mouillée. Les branches latérales sont pendantes, ce qui réduit la portance. Toutefois, si les branches étaient à l'horizontale, comme celles de l'épicéa commun, le sapin de Serbie ne serait pas plus étroit que ce dernier.

La sapinette d'Orient est un bel arbre d'ornement. À maturité, elle est colonnaire et très feuillue.
Elle garde souvent ses branches basses. Les jeunes spécimens ont un port hérissé, conique et dense.
Ils conservent eux aussi généralement leurs branches inférieures.

Écorce
Gris rosé et légèrement rugueuse sur les jeunes arbres, elle devient brune à brun grisâtre et se fissure avec l'âge, faisant apparaî tre des écailles arrondies.

Sapin de Sitka, épicéa de Sitka

Picea sitchensis

Feuilles linéaires de 2 à 2,5 cm, à section rhombique, étirées à l'extrémité en un apex dur et aigu. Face supérieure vert foncé lustré, rayée ou non de 2 étroites bandes blanches ; 2 traits gris-vert ou bleuâtres au revers.

Feuillage absent sous les rameaux, écarté sur les côtés et légèrement appliqué dessus.

Cônes cylindriques de 5 à 10 cm, devenant marron clair ou blanchâtres à maturité dès le premier automne, composés de fines écailles rigides à la marge dentée.

Espèce voisine

Sapinette blanche, épinette blanche *Picea glauca*
Feuillage réparti plutôt sur le dessus des rameaux que dessous ; feuilles de 1 à 1,7 cm, à section rhombique, incurvées vers l'avant, glauques et rayées de blanc sur les 4 côtés.

Longs cônes ovoïdes de 2,5 à 6 cm, aux extrémités coniques, composés d'écailles arrondies, fines, ligneuses et finement dentées.

Arbre à feuilles persistantes

L'habitat naturel du sapin de Sitka s'étend le long de la côte pacifique de l'Amérique du Nord, du nord de la Californie jusqu'à l'Alaska. Cet arbre de la forêt vierge tempérée côtière ne pousse pas à plus de 80 km de l'océan. Son nom commun fait référence à Sitka, dans le sud de l'Alaska. Ce sapin aime les précipitations abondantes, ou plutôt en a besoin, de sorte que dans la nature il évite les terrains qui se dessèchent. Il supporte le vent et les intempéries, mais si le sol est peu profond, un vent fort peut le déraciner. C'est une espèce forestière abondamment cultivée, car son bois solide donne non seulement de belles planches, mais aussi de la pâte à papier. Son feuillage redoute les pucerons suceurs de sève, en particulier sur les sites arides. Ces attaques affaiblissent l'arbre, qui manque ensuite de vigueur. C'est l'une des rares espèces de l'ouest de l'Amérique du Nord à atteindre 60 m en Europe. Elle donne des arbres majestueux en à peine plus de 100 ans. Au Canada, certains spécimens dépassent les 90 m de hauteur.

La sapinette blanche pousse de l'Alaska intérieur jusqu'au littoral atlantique du Canada. Elle est plus petite que le sapin de Sitka, et sa croissance est plus lente.

Avec son beau feuillage au revers argenté, le sapin de Sitka est magnifique en spécimen isolé, comme ici. Toutefois, ce joli détail échappe souvent au regard lorsque l'arbre est planté en grandes colonies, comme c'est souvent le cas. Sa croissance rapide sur des sols pauvres et son bois de qualité en font l'essence forestière vedette des terres humides de la Grande-Bretagne et du Danemark.

Écorce
Brun-pourpre chez les jeunes arbres, elle devient grise avec l'âge et s'écaille en plaques concaves, surtout dans la partie inférieure du tronc.

Sapin du Colorado, épicéa piquant, épicéa bleu

Picea pungens

Feuilles gris-vert à bleu vif selon la quantité de pruine qui les couvre. Les feuilles les plus vieilles sont moins pruineuses et donc plus vertes.

Les feuilles se rassemblent essentiellement sur les côtés des rameaux (étalées) et sur le dessus ; feuilles quadrangulaires de 1,5 à 3 cm de long, de section presque carrée, incurvées, terminées par un apex dur et aigu.

Les écailles des cônes sont papyracées, souples et arrondies, à bord ondulé ou échancré.

Cônes cylindriques de 5 à 10 cm de long, devenant bruns ou brun blanchâtre à maturité et s'ouvrant dès le premier automne ; ils tombent un an plus tard.

Arbre à feuilles persistantes

Encore un arbre originaire de l'ouest des États-Unis, du Wyoming et de l'Idaho au nord jusqu'au Nouveau-Mexique, en Arizona et au Colorado au sud. Ce sont des régions relativement arides, de sorte que l'habitat du sapin se limite à quelques petits sites le long des cours d'eau, ou aux versants nord où l'évaporation est moindre. On trouve dans la nature des individus au feuillage vert et d'autres au feuillage bleu, mais ce sont ces derniers que les pépiniéristes ont sélectionnés et qui constituent de ce fait la grande majorité des sapins du Colorado commercialisés en Europe. Il est vrai que les sapins bleus peuvent être très beaux, surtout dans leur jeunesse, mais ils sont assez fragiles. Cet arbre a besoin de beaucoup d'humidité pour avoir une croissance idéale, or il en manque généralement, car les villes sont souvent situées dans des lieux plus secs. En outre, le feuillage perd sa jolie pruine en vieillissant, de sorte qu'il verdit.

Le sapin du Colorado est par ailleurs très sensible aux attaques de pucerons qui mangent ses feuilles. Enfin, ses vieux rameaux bruns offrent un contraste peu seyant avec le feuillage bleu lorsqu'ils perdent leurs aiguilles. Les jardiniers avisés feraient donc mieux d'opter pour un autre sapin, d'autant que l'on peut se piquer avec les aiguilles pointues du sapin du Colorado : n'oublions pas que *pungens* signifie piquant !

C'est surtout la forme bleue du sapin du Colorado que l'on retrouve dans les parcs et les jardins. Ces arbres greffés doivent parfois être soutenus dans leur jeune âge pour avoir ensuite un beau port dressé.

Écorce
Brun-rouge ou gris-pourpre, devenant écailleuse et s'exfoliant avec l'âge.

Sapin de Brewer, épicéa pleureur de l'Himalaya

Picea breweriana

Cônes cylindriques de 10 à 15 cm, légèrement effilés aux extrémités, avec des gouttelettes de résine ; écailles ligneuses arrondies.

Feuillage radial autour des rameaux ; forme sur les branches latérales des rideaux verticaux atteignant 2 m de long. Feuilles aplaties de 1,5 à 3,5 cm de long, vert foncé lustré d'un côté, marquées de 2 bandes pruineuses vert blanchâtre au revers. Apex tronqué.

Espèce voisine
Picea smithiana
Cônes trapus, fuselés ou cylindriques, effilés vers la pointe, de 10 à 14 cm de long et de 4 à 5 cm de large ; écailles ligneuses et arrondies.

Feuillage radial autour des rameaux, mais peu fourni ; feuilles quadrangulaires gris-vert, rabattues en avant, les plus longues de tous les épicéas (2,5 à 5 cm).

Arbre à feuilles persistantes

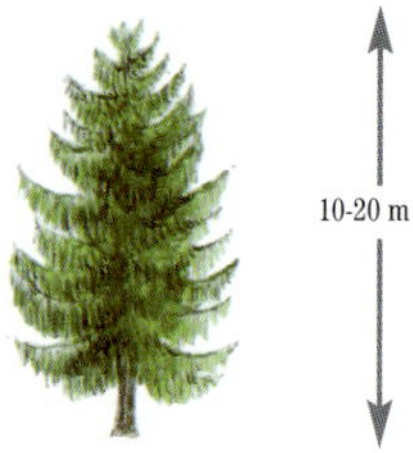

L'habitat naturel de cet épicéa est limité aux monts Siskiyou qui se trouvent dans le sud-ouest de l'Oregon et le nord de la Californie, une région qui a échappé à la dernière glaciation. Il y pousse parmi les pins, les sapins argentés et les sapins de Douglas et y dépasse parfois les 50 m de hauteur, avec un tronc de 1 m de diamètre. Ses rideaux de feuillage pendant et son écorce douce et écailleuse en font un bel arbre gracile.

Cultivé, il n'a pas encore donné de très grands arbres, mais il est vrai qu'il n'a été introduit qu'en 1897. Nul ne sait quelle taille il aura dans 300 ou 400 ans ! Il se plaît beaucoup dans les régions assez sèches d'Europe. Les jeunes mettent longtemps à adopter le port pleureur des adultes, d'une part parce que le feuillage juvénile est beaucoup plus fin, et d'autre part parce qu'il faut leur laisser le temps de pousser et de produire des branches latérales susceptibles de porter des ramules feuillés pendants.

P. smithiana lui ressemble à première vue beaucoup par ses rameaux latéraux pendants. Toutefois, ce bel arbre n'est pas un proche parent de *P. breweriana* : en effet, ses feuilles sont quadrangulaires, vertes et plus souples sur la branche, et ses cônes sont plus trapus. Ce natif de l'ouest de l'Himalaya préfère les régions humides.

Avec sa couronne cylindrique aux rameaux pendants, cet arbre est très gracieux.

ÉCORCE
Grise et lisse sur les jeunes arbres, elle reste lisse mais forme avec l'âge des plaques écailleuses qui se détachent, révélant un endoderme brun ou pourpre.

Sapin de Douglas, Douglas vert, sapin de l'Oregon

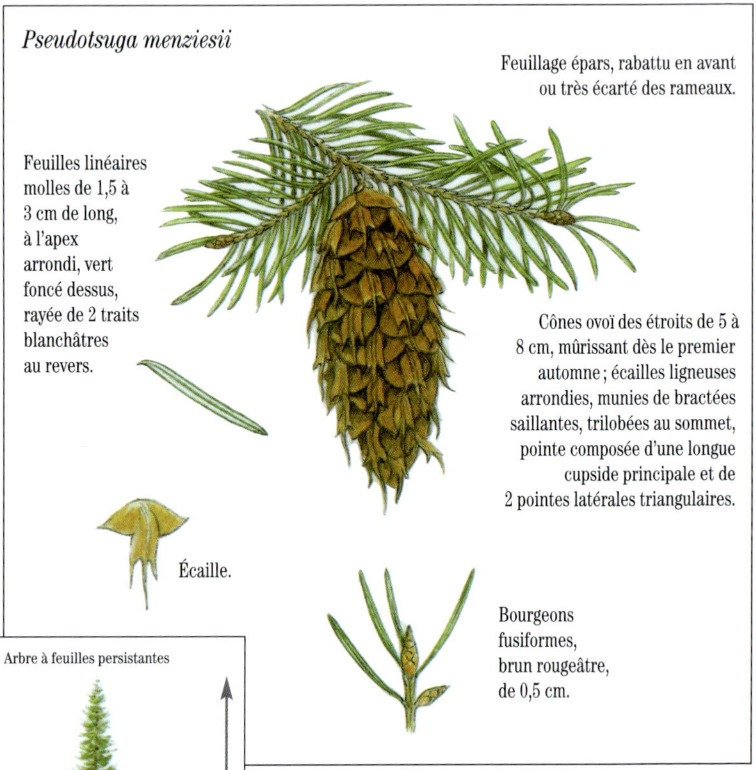

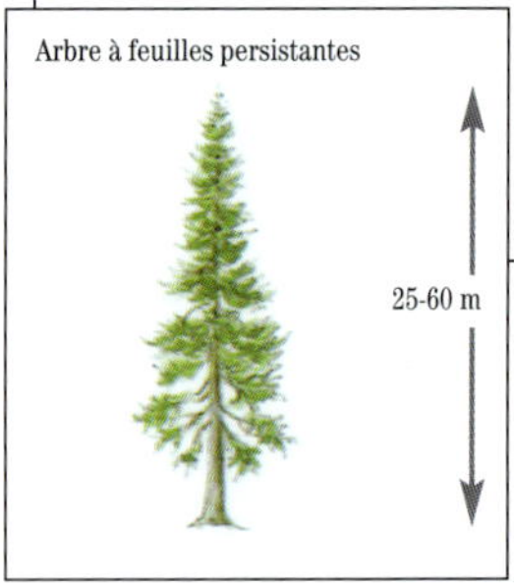

La terre natale de cet arbre couvre une grande partie de l'ouest de l'Amérique du Nord, de la Colombie-Britannique jusqu'au centre du Mexique. L'étendue de cette aire explique les importantes variations de cette essence généralement divisée en deux sous-espèces. On trouve la forme typique au feuillage vert et à l'écorce liégeuse dans les régions septentrionales et côtières du versant ouest des Rocheuses,où elle atteint 90 m de hauteur et 3 m de diamètre. Elle ne craint pas le feu, se régénérant après un incendie de forêt et survivant aux futurs grâce à son écorce épaisse. S'il n'y a pas d'incendies, ce sapin finit par mourir et céder sa place aux espèces qui tolèrent mieux l'ombrage, tel le sapin géant (*Abies grandis*, p. 74).

Le Douglas bleu ou Douglas du Colorado (sous-espèce *glauca*) a les feuilles couvertes de pruine bleutée sur leur face supérieure, ce qui limite ses déperditions d'eau. Par ailleurs, ses cônes sont généralement plus petits et plus étroits, avec des bractées plus étalées, et une écorce écailleuse gris foncé ou noirâtre qui ne forme pas les profonds sillons liégeux de la variété verte. Ce sapin, nettement plus petit, pousse dans les régions sèches du versant est des Rocheuses.

Le sapin de Douglas est un arbre majestueux, exploité pour son bois d'excellente qualité.

ÉCORCE
Gris-vert et lisse, ponctuée d'ampoules de résine sur les jeunes arbres, s'épaississant et se creusant de larges et profonds sillons liégeux avec l'âge. Brun-rouge ou brun-gris sur les vieux arbres.

Sapin argenté, sapin commun, sapin pectiné, sapin des Vosges, sapin de Normandie

Abies alba

Feuillage épars, étalé sur plusieurs rangées ; feuilles linéaires de 1,5 à 2,5 cm, rigides, vert foncé, creusées d'un sillon sur la face supérieure et rayées de 2 traits blanc argenté au revers, arrondies ou échancrées au sommet.

Cônes cylindriques de 10 à 15 cm, effilés, dressés sur les branches de la cime datant de l'année précédente. Passent du vert-jaune au brun en mûrissant dès le premier automne ; bractées saillantes.

Graine.

À maturité, les cônes se décomposent, libérant écailles et graines ailées et laissant l'axe hérissé sur la branche.

ESPÈCE VOISINE
Sapin de Nordmann
Abies nordmanniana
Feuillage plus dense.
Feuilles de 1,5 à 3,5 cm, incurvées, rabattues en avant sur les rameaux.

Arbre à feuilles persistantes

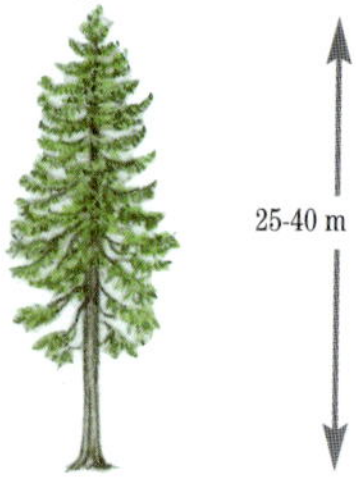

Le sapin argenté est indigène en Europe centrale, du sud de l'Allemagne aux Carpates en passant par les Alpes, et au sud jusqu'aux Balkans, à l'Italie, à l'est de la France et à l'Espagne (dans les Pyrénées). Il apprécie les sites aux sols riches et profonds et forme souvent des forêts mixtes avec des hêtres. Son bois jaune pâle et inodore de bonne qualité est encore utilisé pour la confection de beurriers et autres ustensiles de ce type. C'est le sapin de Noël traditionnel en Europe. Introduit en Grande-Bretagne vers 1840 par le prince Albert, il a toutefois été rapidement supplanté par le sapin de Norvège, pourtant moins adapté puisqu'il perd ses aiguilles, mais les attaques de pucerons ont décimé les plantations de sapin argenté dans les îles Britanniques.

Le sapin de Nordmann est un arbre imposant, au feuillage dense et luxuriant, qui tolère les sites plus secs. Son habitat naturel se trouve dans le nord-est de la Turquie et l'ouest du Caucase, à partir de la Géorgie et l'Abkhazie. Son port dense et surtout le fait que ses aiguilles ne tombent pas lorsqu'on l'installe à l'intérieur en font un arbre de Noël très prisé aujourd'hui. Le sapin de Nordmann conserve ses aiguilles pendant 4 à 6 ans, et parfois même jusqu'à 25 ans.

Le sapin argenté pousse sur les coteaux inférieurs des forêts de montagne, où il se mêle souvent au hêtre. Les arbres adultes au port colonnaire révèlent souvent une écorce argentée sur la partie basse de leurs troncs.

Écorce
Brun-gris ou grise, lisse chez les arbres jeunes, puis se craquelant avec l'âge et formant de petites plaques écailleuses.

Sapin de Céphalonie

Abies cephalonica

Rameaux bruns ou roux, glabres, portant les cicatrices rondes ou ovales des coussins foliaires.

Feuillage légèrement rabattu en avant mais se dressant sur le rameau ; feuilles linéaires de 2 à 3 cm à effilées vers l'apex entier et aigu et vers le coussinet foliaire ; vert foncé brillant sur le dessus et rayées de 2 bandes blanches pruineuses au revers.

Cône cylindrique de 10 à 16 cm, presque mamelonné au sommet ; brun-vert, puis brun à maturité dès le premier automne avant qu'il se décompose ; bractées saillantes.

ESPÈCE VOISINE

Sapin d'Espagne *Abies pinsapo*
Cônes à bractées incluses. Feuillage en écouvillon, comme les piquants d'un hérisson. Feuilles épaisses et rigides de 0,8 à 1,8 cm, aiguës sur les jeunes arbres, mais à l'apex émoussé sur les vieux spécimens ; glauques avec une large bande pruineuse dessus, et 2 raies pâles au revers.

Cônes à bractées incluses. Feuillage en écouvillon, comme les piquants d'un hérisson. Feuilles épaisses et rigides de 0,8 à 1,8 cm, aiguës sur les jeunes arbres, mais à l'apex émoussé sur les vieux spécimens ; glauques avec une large bande pruineuse dessus, et 2 raies pâles au revers.

Arbre à feuilles persistantes

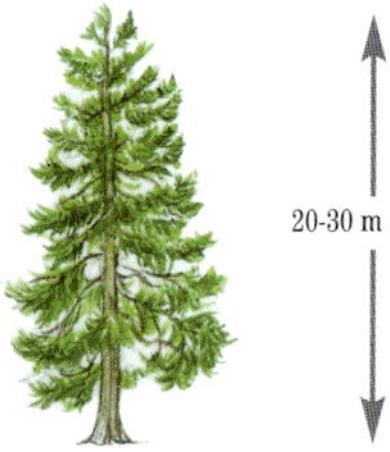

Si ce sapin doit son nom à la Céphalonie, une île de la côte occidentale de la Grèce, il pousse aussi sur le continent, dans la majeure partie du pays. Plus au nord, il ressemble au sapin argenté (*Abies alba*, p. 70). Dans le nord de la Grèce et le sud des Balkans, il existe une espèce intermédiaire, *A. borisii-regis*. On plante le sapin de Céphalonie dans les parcs et les jardins, où il atteint une taille imposante. Il redoute les gelées printanières tardives, mais il supporte bien les climats chauds et secs. Ses coussinets foliaires sont caractéristiques.

L'habitat naturel du sapin d'Espagne se limite à trois forêts des environs de Ronda, dans le sud de l'Espagne, mais cet arbre pousse dans la majeure partie de l'Europe. Il se reconnaît à ses feuilles courtes et épaisses présentant une disposition radiale parfaite, dite « en écouvillon », toutes les aiguilles d'un même ramule étant de la même longueur (ce qui n'est pas le cas chez ses congénères). Si les aiguilles des jeunes arbres sont piquantes, il n'en va pas de même pour le feuillage des sapins plus vieux. L'écorce gris foncé et lisse se fissure avec l'âge. Le sapin d'Espagne apprécie tous les types de sols, mais il est plus particulièrement adapté aux sites secs et crayeux.

À maturité, le sapin de Céphalonie a un tronc imposant avec quelques longues branches étalées.
Les jeunes ont en revanche un port conique, les branches en verticilles espacés.

ÉCORCE
Lisse, finement squameuse et grise avec une touche de rose sur les jeunes arbres, puis se fissurant et s'exfoliant en petites plaques écailleuses sur les spécimens âgés.

Sapin de Vancouver, sapin géant

Abies grandis

Partie inférieure de la couronne en rameaux feuillés plats, aux feuilles distiques bien étalées ; feuilles toujours distiques, très écartées, mais bien dressées sur les rameaux de la cime.

Fins rameaux vert olive ; bourgeons globuleux ou coniques, gris, petits, résineux.

Cônes cylindriques de 7 à 12 cm, verdâtres puis brunissant en mûrissant dès le premier automne ; bractées incluses ; pédoncule étroit et conique.

Feuilles linéaires de 2 à 6 cm ; apex arrondi et échancré vert foncé lustré dessus, rayées de 2 bandes pruineuses blanches ou blanc verdâtre au revers.

Espèce voisine
Sapin noble *Abies procera*
Feuillage appliqué sur les rameaux ; feuilles bleuâtres, creusées d'un sillon.
Cônes cylindriques de 10 à 15 cm ; bractées saillantes et réfléchies.

Arbre à feuilles persistantes

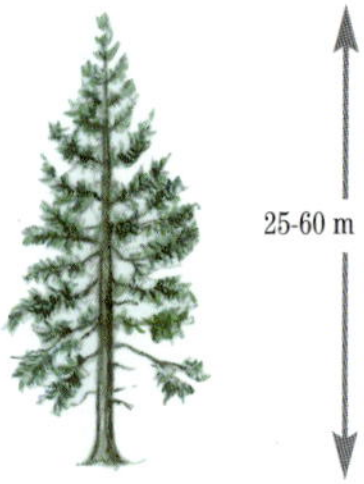

La patrie du sapin de Vancouver s'étend le long du littoral pacifique nord-américain, du nord de la Californie jusqu'à l'île de Vancouver au nord, et jusqu'au sud-est de la Colombie-Britannique et au nord de l'Idaho à l'est. Son bois est d'assez mauvaise qualité, sans doute à cause de la rapidité de sa croissance. Les spécimens qui poussent le plus vite sont originaires des montagnes côtières situées à l'ouest de la chaîne des Cascades, dans les États de l'Oregon et de Washington. En effet, les sapins poussant à l'est des Cascades et dans l'Idaho ont une croissance beaucoup plus lente.

Dans la plupart des jardins d'Europe, le sapin de Vancouver est au bout de 100 ans l'arbre le plus grand, dépassant de 10 m ou plus de la cime des autres arbres, et de ce fait exposé au vent. C'est dans les emplacements humides et bien abrités qu'il est le plus heureux : il constitue alors un bel arbre qui conserve des feuilles jusqu'au sol.

Le sapin noble est lui aussi originaire de l'Oregon et de l'État de Washington sur la côte pacifique des États-Unis. Son bois est de meilleure qualité, bien que la forme cultivée se fissure parfois sous l'effet de la sécheresse les mauvaises années, faisant alors apparaître des crevasses de 1 m de longueur environ sur l'écorce argentée, lisse et brillante de la partie supérieure du tronc. Les jeunes arbres produisent de gros cônes. Ce sapin affectionne les sols acides et ne supporte pas les emplacements crayeux.

Le sapin de Vancouver est souvent le plus grand arbre de son entourage. Exposé de plein fouet aux intempéries, il prend alors un aspect dépenaillé. Dans les coins abrités, en revanche, il conserve son feuillage jusqu'à terre, comme ici.

ÉCORCE
Lisse, ponctuée de gouttelettes de résine gris brunâtre sur les jeunes arbres, elle craquelle et s'exfolie en petits carrés sur les plus vieux.

Sapin concolor, sapin blanc du Colorado

Abies concolor

Cône cylindrique de 7 à 13 cm, à bractées incluses, vert olive, jaune ou bleu pâle pendant sa croissance, brun à maturité dès le premier automne.

Ramules feuillés souples, gris-vert ou vert bleuté. Feuilles linéaires de 4 à 6 cm, relevées, aucune ne poussant sur la face inférieure du rameau, plates et molles, apex arrondi à échancré, de la même couleur dessus et dessous (d'où le nom de concolor), portant 1 bande pruineuse dessus et 2 au revers.

Espèce voisine
Abies lowiana
Rameaux feuillés étalés, ou bien largement sillonnés en U ou en V. Feuilles moins rayées sur le dessus que celles du sapin concolor, et pas pruineuses.

Arbre à feuilles persistantes

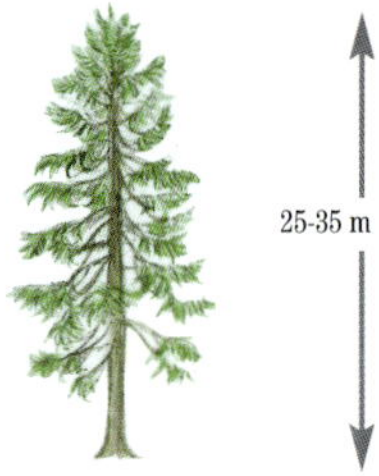

Le sapin concolor pousse à l'état naturel dans l'Utah, le Colorado, le Nevada, l'Arizona, la Californie et le Nouveau-Mexique et jusque dans le nord du Mexique. Il est caractérisé par son feuillage épars et la pruine qui couvre la face supérieure de ses aiguilles. À l'état sauvage, c'est une espèce envahissante, qui colonise les souches des autres arbres, mais ne résiste pas aux violents incendies de forêt. La forme cultivée tolère en Europe des emplacements plus arides que son parent le sapin de Vancouver (p. 74). En revanche, ce n'est pas une essence forestière. Parfois utilisé comme sapin de Noël, c'est avant tout un arbre d'ornement apprécié pour son feuillage d'un bleu lumineux dans les parcs et les jardins.

A. lowiana est souvent considéré comme une variété d'*A. concolor*. Il est originaire de la sierra Nevada en Californie, ainsi que du nord de cet État et du sud-ouest de l'Oregon. Bien que son feuillage ne soit jamais aussi bleu, sa forme cultivée donne de plus beaux arbres que le sapin concolor. Son feuillage est également aéré et espacé sur les rameaux, mais beaucoup plus aplati ; ses feuilles sont par ailleurs ponctuées d'un plus petit nombre de pores ou stomates. Cet arbre est peut-être issu de l'hybridation des sapins concolor et de Vancouver, car, par bien des aspects, il est au carrefour de ces deux espèces.

Avec son feuillage pruineux ou argenté, le sapin concolor est un bel arbre qui supporte des conditions plus arides que le sapin de Vancouver.

Écorce

Lisse, gris clair à gris foncé, avec des gouttelettes de résine sur les jeunes arbres ; creusée de profonds sillons liégeux sur les vieux spécimens.

Sapin de Corée

Abies koreana

Feuilles de 1 à 2 cm, légèrement plus larges au niveau de l'apex arrondi et échancré ; vert foncé lustré dessus, rayées de 2 larges bandes pruineuses argentées au revers.

À maturité, ils sont cylindriques et mamelonnés, mesurant 5 à 7 cm de long, passant du pourpre ou du pourpre verdâtre au brun clair dès le premier automne ; bractées saillantes.

Feuillage espacé et disposé plus ou moins en écouvillon, bien que plus épars dessous.

Les jeunes cônes pourpres, rouges ou jaune verdâtre se développent à la fin du printemps.

Espèce voisine

Sapin de Veitch *Abies veitchii*
Feuillage distique au revers des rameaux et plus ou moins sillonné dessus. Feuilles de 2 à 2,5 cm, plus longues que celles du sapin de Corée, à l'apex carré et échancré ; couvertes de pruine sur le dessus et rayées de 2 bandes argentées dessous.

Arbre à feuilles persistantes

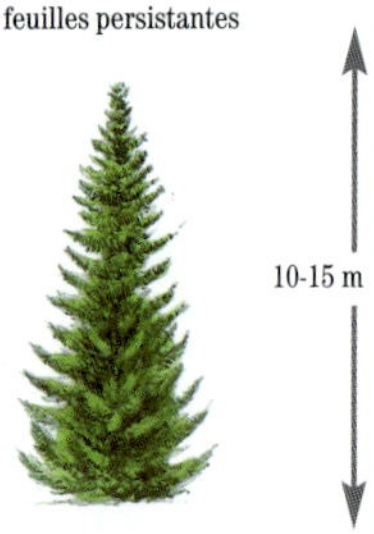

Cette espèce est originaire du sud de la Corée et de l'île de Cheju où elle a été découverte. S'il pousse lentement, le sapin de Corée produit rapidement des cônes très colorés. Toutefois, ceux-ci sont parfois verdâtres, et non violet-pourpre, ce qui est nettement moins attrayant. Le feuillage est toujours superbe avec ses aiguilles au revers argenté. Cette espèce tolère des emplacements fort divers, et sa taille limitée en fait un arbre de prédilection pour les petits jardins. Les arbres originaires de la Corée continentale sont cependant parfois plus grands que ceux de Cheju.

Le sapin de Veitch provient pour sa part du centre de l'île de Honshu. Il a été découvert sur le mont Fuji en 1860 par John Veitch, et introduit en Europe peu après. Proche parent du sapin de Corée, il s'en distingue essentiellement par ses feuilles, beaucoup plus longues et plus étroites, carrées à l'apex, couvertes de pruine sur le dessus, et argentées au revers. Le sapin de Veitch pousse en outre beaucoup plus vite et devient nettement plus grand que le sapin de Corée, de sorte qu'il est mieux adapté aux parcs assez vastes. Il supporte lui aussi des sols très variés, mais la forme cultivée ne vit pas très longtemps.

Ce petit sapin est un arbre d'ornement fort apprécié pour ses cônes très décoratifs.

Écorce
Lisse et grise avec une touche pourpre ou orangée. On voit parfois des gouttelettes de résine sur les jeunes spécimens.
L'écorce se fissure avec l'âge, s'exfoliant à la base en plaques carrées noir grisâtre.

Tsuga du Nouveau Monde, tsuga de Californie

Tsuga heterophylla

Fleurs mâles rouge cramoisi de 0,3 à 0,5 cm, s'épanouissant au printemps.

Feuillage en rameaux plats, retombants à l'extrémité. Feuilles distiques, linéaires, de 0,6 à 2,3 cm, effilées aux extrémités, à l'apex tronqué à la marge finement dentée (regardez à la loupe), vert moyen dessus, rayées d'une large bande ou de 2 bandes pruineuses argentées au revers.

Cônes ovoï des de 1,5 à 2,5 cm, composés d'une vingtaine d'écailles oblongues et arrondies, passant du vert au brun en mûrissant dès le premier automne.

ESPÈCE VOISINE
Tsuga du Canada, pruche, sapin ciguë *Tsuga canadensis*
Les ramules feuillés portent toujours une rangée de feuilles courtes appliquées sur le dessus. Feuilles blanches au revers.

Arbre à feuilles persistantes

Le tsuga du Nouveau Monde pousse à l'état sauvage de l'Alaska au nord de la Californie, le long de la côte pacifique de l'Amérique du Nord, et à l'intérieur des terres, dans le sud-est de la Colombie-Britannique et le nord de l'Idaho. C'est un arbre très élégant et gracieux, avec son feuillage vert souple et dense porté par de fins rameaux retombant nettement à leur extrémité. L'endoderme rouge de cet arbre permet de confectionner une sorte de pain. Le tsuga du Nouveau Monde s'accommode de toute une variété d'emplacements, mais apprécie plus particulièrement les sables acides et secs. Cet arbre à croissance rapide supporte l'ombre, et aime les coins abrités. Il produit un bois d'excellente qualité. Il est malheureusement sensible à un champignon, *fomes* ou *heterobasidion annosum,* qui fait pourrir la base du tronc, ce qui limite son exploitation forestière.

Le tsuga du Canada est originaire de l'est de l'Amérique du Nord, de la Nouvelle-Angleterre à l'Alabama au sud et à l'Ontario à l'ouest. Il ressemble beaucoup au tsuga du Nouveau Monde, mais s'en distingue par la rangée de courtes feuilles appliquée sur le dessus des ramules. Il doit son nom de sapin ciguë à l'odeur que dégage son feuillage lorsqu'on le froisse. Toutefois, à la différence de la vraie ciguë, qui est une ombellifère comme la carotte, le tsuga du Canada n'est pas un poison.

Ce sapin à l'allure gracieuse supporte l'ombrage et fait un arbre d'ornement très attrayant.

Écorce
Lisse et brun-pourpre sur les jeunes arbres, elle devient brun-rouge ou gris-rouge avec l'âge, parcourue de sillons et de côtes écailleuses.

Pin sylvestre, pin rouge du Nord, pin d'Écosse

Pinus sylvestris

Feuilles linéaires de 5 à 7 cm, à section en demi-lune, souvent vrillées, aciculaires, bleu-vert et rayées de lignes blanches pruineuses des deux côtés ; gaines persistantes gris et brun de 0,8 cm de long.

Chatons mâles jaunes groupés à la base des jeunes pousses de l'année. Fleurs femelles rouge foncé, terminales.

Feuilles réparties tout autour des rameaux, réunies par deux.

Cône ovoï de la première année, devenant au cours du deuxième été un cône ovale de 3 à 7 cm. Il passe du vert au brun une fois mûr en automne (maturité bisannuelle), et s'ouvre pour libérer ses graines à la fin de l'hiver.

Arbre à feuilles persistantes

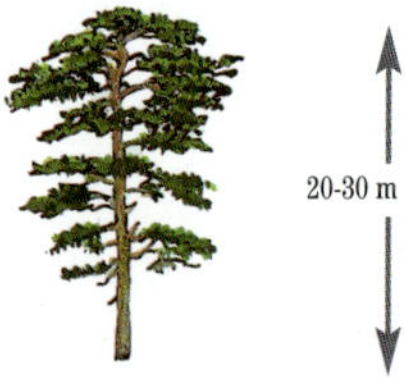

Le pin sylvestre est l'un des trois seuls pins indigènes des îles Britanniques. Il varie peu sur son aire de répartition pourtant très vaste, qui s'étend de l'Écosse à l'ouest à l'Espagne et à la Turquie au sud, à la Chine orientale à l'est et à l'Arctique au nord. Son bois est de qualité, le cœur rougeâtre et l'aubier jaune. On l'utilise essentiellement comme bois d'œuvre pour faire des planches, mais aussi du placage et des poteaux télégraphiques, ces derniers ayant pris le relais des mâts des vaisseaux d'autrefois.

Avec le bouleau, le pin sylvestre fut le premier arbre à recoloniser la terre laissée nue par la fonte des glaciers à la fin de la dernière ère glaciaire. Il se reproduit même sur les sols sableux pauvres, où il dépasse les autres arbres, mais ne peut rivaliser avec les feuillus à croissance plus rapide sur les terrains riches. Il a disparu d'Angleterre dès le Moyen Âge, sans doute parce que les autres espèces le dominaient sur la plupart des terrains ; dans les landes, c'est probablement la pratique de l'élevage sur brûlis qui eut raison de lui. Les faisceaux ou gaines qui réunissent les aiguilles sont en fait de courts pétioles, qui ainsi groupés forment un cylindre parfait.

Le pin sylvestre est un bel arbre au feuillage bleu-vert et au tronc bicolore. Cette espèce forestière courante est également souvent plantée à titre ornemental dans les parcs et les jardins. Les jeunes arbres ont un port conique (voir ci-dessus), tandis que les vieux spécimens ont une cime arrondie ou en coupole.

ÉCORCE
Sur les jeunes arbres et la partie supérieure du tronc des vieux pins, brun-rouge à orangée et écailleuse, puis transition brutale avec l'écorce mature, gris-pourpre, creusée de sillons gris-pourpre également et s'exfoliant en petites écailles épaisses.

Pin vrillé, pin maritime de l’Alaska, pin des dunes

Pinus contorta var. *contorta*

Feuilles linéaires de 4 à 5 cm de long, à section en demi-lune, rigide, atténuée en un apex aigu, bleutées à vert profond, mais devenant vert-jaune en hiver ; gaines brunes persistantes de 0,7 cm de long.

Feuillage réparti tout autour des ramules.

Fleurs mâles jaunes amassées à la base des jeunes pousses. Cônes ovales globuleux à la fin de la première année, puis s’étirant en cônes oblongs de 5 cm et brunissant le deuxième été.

ESPÈCE VOISINE
Pinus contorta var. *latifolia*
Feuilles plus longues (6 à 10 cm), généralement vrillées et vert vif.
Longs cônes ovoï des couleur cuivre.

Arbre à feuilles persistantes

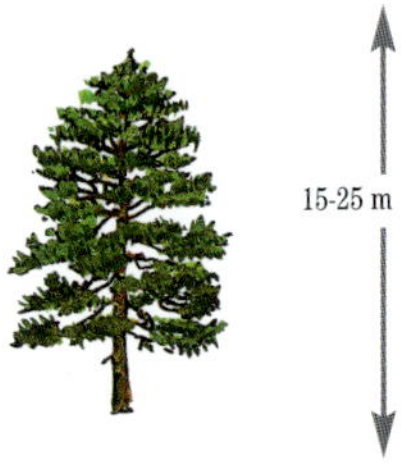

Pinus contorta var. *contorta* est natif de la côte pacifique de l’Amérique du Nord, où il pousse de l’Alaska au nord de la Californie, jamais à plus de 160 km de l’océan, le plus souvent sur les dunes de sable du bord de mer. Si dans les lieux battus par les vents il ne forme parfois qu’un buisson, il se redresse dès qu’on lui accorde un peu d’abri et un sol de meilleure qualité et connaî t alors une croissance certes lente, mais respectable. Son bois est correct, mais il se dégrade souvent sur les pins exposés au vent. Cet arbre qui supporte des conditions très rudes a fait l’objet d’une importante exploitation forestière dans le nord des î les Britanniques ainsi qu’en Scandinavie. Les rameaux longs comptent un ou plusieurs nœuds : cherchez les cônes, qui sont terminaux, et les fleurs mâles (ou la trace qu’elles ont laissée) axillaires, à la base du ramule, juste au-dessus de la ramification. Les cônes sont persistants et s’ouvrent à maturité.

Pinus contorta var. *latifolia* pousse pour sa part à l’état sauvage le long de la chaî ne des Rocheuses, du Yukon au Colorado. Ses feuilles sont plus longues et vrillées. La plupart des cônes ne s’ouvrent pas à maturité : la variété dépend souvent des incendies de forêt pour sa reproduction.

Avec sa couronne en coupole, *Pinus contorta* est un arbre assez imposant lorsqu'il est vieux. On le voit cependant surtout dans les plantations forestières, où on les abat alors qu'ils ont encore une cime conique. La photo ci-dessus présente un spécimen intermédiaire entre les deux variétés. Les Indiens d'Amérique utilisaient le bois de cet arbre pour soutenir leurs tentes.

ÉCORCE
Brun-rouge ou brun-jaune chez les jeunes arbres, elle se fissure et se découpe en plaques ou écailles foncées chez les vieux spécimens.

Pin noir

Pinus nigra

Feuilles linéaires rigides de 8 à 14 cm de long, à section en demi-lune, à l'apex très aigu ; gris-vert, ponctuées de séries de points argentés des deux côtés, gaines persistantes brun foncé de 1 à 1,3 cm.

Feuillage réparti tout autour du ramule, en faisceaux de 2 feuilles.

Les cônes s'ouvrent au cours de l'hiver et tombent lors du troisième printemps. Écailles à écusson tronqué.

Cône ovoï de de 1,3 cm la première année, se développant au cours de la deuxième année en un cône ovale, devenant brun à brun-jaune en mûrissant.

Arbre à feuilles persistantes

Le pin noir est originaire d'Europe où il pousse de la France et de l'Espagne à la Turquie, Chypre et en Ukraine. On le voit aussi au Maroc et en Algérie. Il se divise en deux sous-espèces. La ssp. *nigra*, le pin noir d'Autriche, regroupe pour sa part les arbres poussant à l'est d'une ligne passant par le sud de l'Autriche et le centre de l'Italie. Son feuillage est généralement plus dense et sa croissance annuelle plus prononcée. Ces arbres peu forestiers ont souvent un tronc divisé, ce qui leur donne un port particulier à maturité. La seconde sous-espèce, ssp. *salzmanii*, a des feuilles plus fines et plus longues (12 à 18 cm). Elle pousse des Alpes à l'Espagne et à l'Afrique du Nord, et englobe le pin de Corse (var. *corsicana* ou *maritima*) que l'on trouve en Corse, en Calabre et en Sicile. Le pin de Corse est une essence forestière très utilisée en Grande-Bretagne en raison de sa croissance rapide sur les sols pauvres et sableux, mais il tolère aussi les sols crayeux et calcaires. Son bois tendre d'assez bonne qualité est employé comme bois d'œuvre. C'est en plein soleil qu'il se développe le mieux, et est parfaitement adapté au climat méditerranéen. Les jeunes plants doivent développer dès leur germination un important système réticulaire pour ne pas être brûlés par la sécheresse estivale.

Le pin noir doit son allure caractéristique à son feuillage gris-vert dense réparti sur ses branches étalées. Voici un spécimen mature typique de la sous-espèce *nigra*.

Écorce
Brun foncé ou noir verdâtre sur les jeunes arbres, lisse au début, mais se creusant rapidement de profonds sillons aux côtes larges et écailleuses.

Pin maritime, pin des Landes, pin de Bordeaux

Pinus pinaster

Feuilles linéaires à section en demi-lune, aiguës à l'apex, vert-gris et ponctuées de séries de points blanc argenté des deux côtés ; gaines brun noirâtre persistantes de 1,5 à 2,5 cm de long.

Feuillage radial tout autour du ramule et rabattu en avant ; feuilles groupées par deux.

Le cône mesure 4 à 6 cm de diamètre lorsqu'il est fermé, mais il atteint 7 à 11 cm en s'ouvrant.

Cône ovale conique de 8 à 20 cm de long, devenant brun lumineux ou roux en mûrissant au cours du deuxième automne (maturité bisannuelle) ; écailles dotées d'un mucron conique proéminent.

Arbre à feuilles persistantes

La terre natale du pin maritime s'étendrait au nord du Bassin méditerranéen, du Portugal à la Grèce et descendrait au sud jusqu'au Maroc. On trouve également de vastes forêts dans la région des Landes dans le sud-ouest de la France, mais ces arbres ont été plantés au XIXe siècle et il est presque certain que l'espèce n'est pas indigène dans cette région. Il pousse essentiellement sur les dunes de sable côtières, mais on le trouve en montagne, au Maroc, jusqu'à 2 000 m d'altitude. Ses cônes forment souvent de gros bouquets, alors que ceux de ses congénères sont généralement solitaires ou groupés par 2 ou 3. Son bois est de qualité moyenne, mais son principal atout est sa résine, que l'on recueille en pratiquant des entailles en V dans l'écorce. Elle donne après distillation de l'essence de térébenthine et de la colophane, utilisée pour l'encollage des papiers et pour faire mordre les archers sur les cordes des instruments de musique. C'est enfin un pin dont les cônes ne s'ouvrent que sous l'effet d'un incendie de forêt.

Le pin maritime est un arbre de taille moyenne à la cime assez ouverte. À maturité, il a une couronne arrondie perchée au sommet d'une tige nue, car il perd généralement ses branches inférieures.

Écorce
Brun orangé et fissurée sur les jeunes arbres, se creusant de profonds sillons roux aux côtes pourpre sombre sur les vieux spécimens.

Pin parasol, pin pignon, pin pinier

Pinus pinea

Feuilles linéaires gris-vert de 8 à 18 cm, rarement plus longues, à section en demi-lune et à l'apex aigu, se cassant facilement en deux ; gaines persistantes brun-gris de 0,8 cm.

Feuillage radial autour du rameau, rabattu en avant ; feuilles groupées par deux.

Feuilles juvéniles solitaires bleu-vert de 4 à 6 cm, persistant plusieurs années.

Cônes à maturité trisannuelle, globuleux au départ puis ovales au cours du troisième été, passant du vert à un brun brillant. Écailles arrondies portant 2 cicatrices sur le large écusson dorsal.

Graine comestible non ailée de 2 cm de long.

Arbre à feuilles persistantes

Le pin parasol pousse à l'état sauvage dans le Bassin méditerranéen et sur la côte sud de la mer Noire. Son origine précise n'est pas claire, car il a été planté depuis des milliers d'années, mais il est probable qu'il soit indigène dans l'est du Bassin méditerranéen et qu'il ait été introduit à l'ouest. Ses graines comestibles ont été apportées en Grande-Bretagne par les Romains, mais seulement pour les manger. On n'a en effet retrouvé aucune trace de plantation avant le XVIe siècle. Son nom de pin parasol fait référence au port de l'arbre à maturité : ce pin cesse en effet assez rapidement de pousser en hauteur et ses branches principales s'écartent pour former une cime très étalée. Le pin parasol présente en outre la particularité de conserver son feuillage juvénile pendant plusieurs années, alors que la plupart de ses congénères ne le gardent qu'un an. Par ailleurs, la maturation de ses cônes dure 3 ans, alors que tous les autres pins (à l'exception d'une espèce mexicaine) sont à maturité bisannuelle. La fertilisation a lieu au cours du troisième printemps (la première année, les cônes sont pollinisés, mais le pollen ne féconde pas les ovules jusqu'au deuxième printemps ; ensuite, les cônes se développent et mûrissent).

Le tronc trapu dominé par une cime étalée, en parasol, est caractéristique de cet arbre.

Écorce
Orange sur les jeunes arbres, se creusant rapidement de profonds sillons et de longues côtes écailleuses orange et brun rosé.

Pin d'Alep, pin de Jérusalem

Pinus halepensis

Feuilles linéaires et aiguës de 6 à 11 cm de long, vert clair, à section en demi-lune ; gaines persistantes gris foncé de 0,3 à 0,4 cm.

Feuillage épars, disposé tout autour des fins rameaux, rabattu en avant ; feuilles groupées par 2.

Cônes de 5 à 12 cm, coniques, oblongs et roux, à maturité la deuxième année ; rabattus vers l'arrière sur le rameau ou bien un peu écartés ; s'ouvrant lentement, à moins d'être exposés à un incendie de forêt ; écailles assez lisses.

Espèce voisine

Pin de Calabre *Pinus brutia*

Feuilles éparses, vert-jaune, de 10 à 15 cm de long ; groupées par 2 dans une gaine persistante brun foncé de 0,7 à 1,5 cm de long.

Cônes rabattus vers l'avant ou perpendiculaires au rameau ; allongés de 5 à 11 cm, d'un brun lumineux.

Arbre à feuilles persistantes

Ce pin essentiellement natif de la Méditerranée, de la Grèce à la péninsule Ibérique, pousse aussi au Maroc et en Algérie. On signale toutefois une petite population en Israël et près d'Alep, en Syrie. Il est étonnant que ces quelques spécimens soient à l'origine des deux noms communs et du nom latin de l'espèce. Comme il s'accommode très bien de précipitations peu abondantes, c'est une espèce forestière exploitée dans les régions arides du Bassin méditerranéen, en Espagne notamment. Son bois de qualité produit de la résine.

P. brutia est originaire du nord-est de la Grèce, de Crète, de Chypre, de Turquie, de Syrie, du Liban, de Crimée et d'Ukraine. Une variété a été identifiée de l'Azerbaï djan à l'Iran et au Pakistan, et l'on trouve une population en Calabre, dans le sud de l'Italie (Brutia serait l'ancien nom latin de la Calabre). On ne sait pas précisément s'il est indigène en Europe occidentale ou s'il y a été introduit. Cet arbre possède la particularité d'avoir des cônes rabattus en avant sur le rameau, caractéristique qu'il partage avec un seul autre pin, *P. banksiana*, un parent de *P. contorta* (p. 84).

Cet arbre de taille petite à moyenne a un feuillage épars.

Écorce
Lisse et gris-argent chez les jeunes spécimens, puis fissurée, rousse et écailleuse chez les vieux arbres.

Pin jaune des Rocheuses

Pinus ponderosa

Feuilles linéaires rigides de 11 à 22 cm, gris-vert, de section triangulaire, à l'apex aigu. Gaines brunes persistantes de 1,2 à 1,6 cm.

Feuillage radial autour des épais rameaux gris-brun ; feuilles groupées par 3.

Cônes ovales la première année, puis grossissant et devenant parfois conique le deuxième été. Brun-pourpre, de 6 à 16 cm de long ; écailles fines à mucron réfléchi ; les cônes tombent après ouverture, laissant une couronne d'écailles sur la branche.

ESPÈCE VOISINE
Pin de Jeffrey *Pinus jeffreyi*
Cônes coniques à coniques ovales de 13 à 25 cm de long et de 5 à 8 cm de large (fermés), arrondis à la base lorsqu'ils sont fermés. Lorsqu'ils s'ouvrent, leur diamètre atteint 15 cm ; roux ; tombent à maturité, laissant quelques écailles sur la branche.

Feuilles gris-vert ou vert bleuté de 12 à 26 cm de long sur d'épais rameaux gris-vert fortement pruineux ; gaines persistantes de 0,8 cm.

Arbre à feuilles persistantes

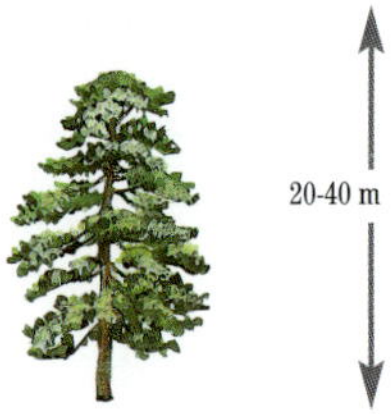

Le pin jaune des Rocheuses est originaire de l'ouest de l'Amérique du Nord, de la Colombie-Britannique au nord-est de la Californie, mais on trouve également des arbres considérés comme des espèces voisines ou des sous-espèces sur le versant est des Rocheuses et le long des chaînes du littoral pacifique de la Californie et de l'État de Washington. C'est un arbre à port colonnaire, au tronc trapu et aux branches courtes, avec un feuillage assez dense. Les feuilles groupées par 3, ont 2 faces aplaties et 1 arrondie, de façon à former un cylindre une fois leurs pétioles réunis. Le pin jaune des Rocheuses a un bois de qualité.

Le pin de Jeffrey pousse du sud-ouest de l'Oregon jusqu'en Basse-Californie, au nord du Mexique, en passant par la Californie et l'ouest du Nevada. On le reconnaît aisément à ses rameaux fortement pruineux et à ses cônes. Sa résine présente pour sa part la particularité de contenir de l'heptane qui après purification pourrait devenir un carburant automobile. Le pin de Jeffrey pousse généralement sur un sol plus sec et plus pauvre que le pin jaune des Rocheuses. Cultivé, il a un feuillage tout aussi dense.

Le pin jaune des Rocheuses donne de très beaux arbres d'ornement, comme ici sur sa terre d'origine, à l'est du mont Rainier dans l'État de Washington, où il pousse aux côtés de *Abies grandis* (p. 74), *Pinus contorta* (p. 84), *Pseudotsuga menziesii* (p. 68), *Thuja plicata* (p. 30), un *Larix* et un *Picea*.

Écorce
Brun foncé ou gris-pourpre sur les jeunes arbres, puis se fissurant et se détachant en larges plaques écailleuses brun orangé et gris-pourpre sur les vieux spécimens.

Pin de Monterey

Pinus radiata

Feuilles linéaires, molles et fines, de 10 à 16 cm, de section triangulaire, vert gazon ; gaines persistantes marron clair de 1 à 1,3 cm de long.

Feuillage radial autour des ramules gris-vert à brun rougeâtre ; feuilles groupées par 3.

Rameaux généralement plurinodaux, comptant jusqu'à 4 nœuds par poussée de croissance.

Cônes persistants, ne s'ouvrant qu'après un incendie de forêt ou une forte canicule.

Cônes ovoïdes marron clair la première année, grossissant la deuxième année pour atteindre 6 à 16 cm ; généralement composés de 20 grosses écailles arrondies à écusson saillant sur la face extérieure ; face intérieure beaucoup plus lisse.

Arbre à feuilles persistantes

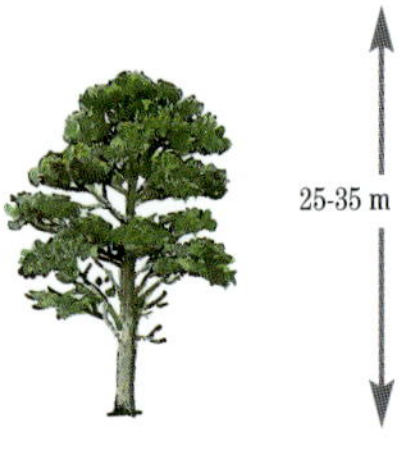

L'habitat naturel du pin de Monterey se limite à cinq sites : trois sur la côte californienne (le plus connu étant la péninsule de Monterey) et deux îles au large de la Basse-Californie au Mexique. Les arbres de ces deux îles se distinguent par leurs feuilles généralement groupées par 2 et non par 3 et par leurs cônes dont la face extérieure est souvent dépourvue d'écussons. Les mucrons saillants de leurs écailles seraient un moyen de se protéger des écureuils, car l'arbre se constitue une réserve de graines dans les cônes fermés qui attendent un incendie de forêt pour s'ouvrir. Il arrive que les cônes restent sur l'arbre pendant 40 ans, mais les graines ne sont viables que pendant 20 ans environ.

Ce pin à croissance très rapide a un bois de qualité correcte. Ces arbres qui à l'état sauvage n'occupent que quelques centaines d'hectares couvrent sous leur forme cultivée des millions d'hectares dans les régions tempérées chaudes du monde entier, en Nouvelle-Zélande notamment, mais aussi en Afrique du Sud, au Chili et en Espagne. En Nouvelle-Zélande, cet arbre atteindrait 60 m de hauteur en 37 ans, mais en Europe la plupart des pins de Monterey ne dépassent pas 35 m.

Les jeunes arbres poussent vite et ont un port conique avant de développer la pittoresque cime arrondie des pins adultes.

ÉCORCE
Gris-pourpre chez les jeunes arbres, puis fonçant et se creusant de profonds sillons aux côtes épaisses.

Pin de l'Himalaya, pin pleureur

Pinus wallichiana

Feuilles souples et effilées de 11 à 20 cm de long, souvent vrillées et retombantes, à section triangulaire ; bleu terne à vif (couvertes de pruine), mais parfois gris-vert, rayées de bandes pruineuses sur les deux faces plates internes seulement. Gaines réfléchies caduques dès le premier hiver.

Feuillage radial autour des rameaux vert olive à gris-vert ; feuilles groupées par 5.

Cônes poussant sur de longs pédoncules floraux dressés et cylindriques, mesurant 3 à 6 cm la première année, puis grossissant et formant des cônes ovales retombants de 10 à 30 cm. Souvent incurvés la deuxième année, très résineux et vert bleuté jusqu'à ce qu'ils brunissent à maturité. Écailles munies d'un mucron tronqué à l'extrémité.

Espèces voisines

Pin Weymouth, pin du Lord
Pinus strobus
Feuilles rigides gris-vert de 8 à 10 cm poussant sur de fins ramules brun olivâtre brillant cannelés et velus entre les gaines des feuilles. Cônes elliptiques de 10 à 20 cm de long.

Pin de Macédoine
Pinus peuce
Feuilles gris-vert de 7 à 11 cm, poussant sur des ramules glabres gris-brun. Cônes cylindriques incurvés de 10 à 16 cm à maturité.

Arbre à feuilles persistantes

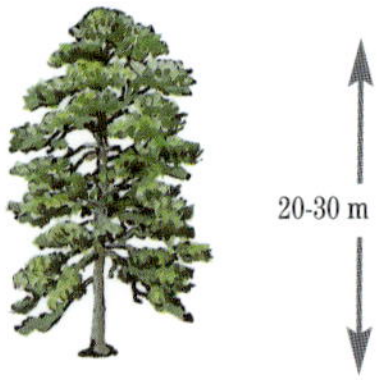

Le pin de l'Himalaya pousse à l'état sauvage de l'est de l'Afghanistan au nord-est de l'Inde, en passant par le Pakistan, le sud du Tibet, le Népal, le Sikkim et le Bhoutan. C'est l'arbre dominant des vallées arides situées entre 2 000 et 3 000 m d'altitude. Les arbres les plus bleus sont originaires de l'extrémité occidentale de cette aire de répartition. En effet, au Bhoutan, ces pins sont plutôt gris-vert, ce qui est nettement moins attrayant. Comme tous les pins à bois tendre, le pin de l'Himalaya a un bois de qualité qui ne présente pas de différence notoire entre le bois de printemps et le bois d'été. Il est donc facile à travailler. Chez ces arbres, les petits cônes de l'année grossissent à la base des écailles, de sorte que la partie exposée du cône juvénile est terminale sur l'écaille ; dans les pins à bois dur, cette partie se trouve sur le dos de l'écaille.

Le pin Weymouth (du nom d'un capitaine) ou pin du Lord est originaire de l'est de l'Amérique du Nord. Son bois est l'un des meilleurs, mais son feuillage n'a pas la grâce de celui des pins de l'Himalaya. Le pin de Macédoine, enfin, est indigène en Albanie, en Bulgarie et en Macédoine. C'est un arbre à croissance régulière, mais pas spectaculaire, qui s'accommode de sols très divers.

Cette photo (prise par l'auteur au Bhoutan) illustre le feuillage bleu-vert caractéristique du pin de l'Himalaya. Les arbres de l'ouest de l'Himalaya sont encore plus bleus.

Écorce
Lisse et gris-vert sur les jeunes arbres, elle se fissure et devient gris foncé ou noire avec l'âge, formant de petites écailles.

Arolle, pin cembro, alvier, auvier

Pinus cembra

Feuillage radial et serré contre les ramules velus bruns ou roux, s'écartant davantage la deuxième année ; feuilles par groupes de 5.

Feuilles de 7 à 9 cm, à section triangulaire, vert-jaune, vert moyen ou vert foncé sur la partie extérieure arrondie, mais blanc argenté et pruineuse sur la face intérieure plate ; gaines caduques.

Les cônes tombent encore fermés ; les graines non ailées de 1 à 2 cm sont disséminées par les oiseaux et les petits mammifères.

Cônes globuleux verts la première année, grossissant et devenant oblongs avec des écailles incurvées la deuxième année ; pourpres ou bruns à maturité.

Arbre à feuilles persistantes

Jusqu'à 20 m

L'arolle est originaire des régions d'altitude des Alpes et des Carpates où il forme dans les forêts subalpines des bosquets soit purs soit mixtes avec le mélèze d'Europe (*Larix decidua*, p. 50). Il produit de grosses amandes comestibles. En fait, toutes les graines de pin sont comestibles, mais seules quelques-unes, dont celles de l'arolle et du pin parasol, sont suffisamment grosses pour présenter un intérêt.

Les arolles font partie d'un petit groupe de pins dont les écailles ne s'écartent pas pour libérer les graines. Les cônes tombent au contraire intacts sur le sol, et ce sont les oiseaux et les petits mammifères qui les ouvrent pour manger ou transporter leurs amandes. La plupart finissent par être mangées un jour ou l'autre, mais il en reste assez pour perpétuer l'espèce. Bien que son bois soit de bonne qualité, l'arolle n'est pas une essence forestière intéressante du fait de son habitat subalpin. La croissance est en effet trop lente pour les exploitations forestières. Comme chez la plupart des pins à bois tendre, on trouve des pores ou stomates seulement sur les faces intérieures plates des aiguilles et non sur leur partie externe arrondie.

La plupart des pins perdent leurs branches inférieures en vieillissant. S'il a suffisamment de lumière et d'espace (comme ici), l'arolle peut cependant conserver des branches jusqu'à terre.

Écorce
Gris foncé et lisse sur les jeunes arbres, elle se fissure avec l'âge, révélant des écailles rouille.

Les feuillus

Les feuillus ont généralement des feuilles beaucoup plus larges que celles des conifères. En outre, ils ont habituellement un bois plus dur ou plus dense que ces derniers.

Par ailleurs, les feuillus regroupent davantage de familles que les conifères. Ainsi, les 45 genres des principales espèces décrites dans cette section du guide se répartissent en 25 familles, alors que les 21 genres de conifères présentés correspondaient à 6 familles seulement.

L'ordre dans lequel sont présentées les différentes espèces de feuillus est déterminé **en premier lieu** par la **forme de leurs feuilles**, avec une progression depuis les formes simples jusqu'aux plus complexes, et **en second lieu** seulement par leurs **spécificités botaniques**.

Chêne rouvre

Feuilles simples
Pages 106 à 217 et 238-239
Les feuilles de ces espèces ne sont pas lobées, ou bien leurs lobes sont réduits à des extensions des nervures latérales issues de la nervure médiane.

Nous avons néanmoins regroupé les espèces apparentées. Ainsi, tous les chênes se suivent (p. 148 à 161), bien qu'il existe de toute évidence des différences visuelles entre par exemple le chêne rouvre, le chêne vert et le chêne rouge d'Amérique.

Feuilles simples : le coudrier de Byzance

C'est également pourquoi l'alisier des bois (p. 238-239) est traité juste avant le sorbier des oiseaux (p. 240-241) et le cormier (p. 242-243), en raison de leurs similitudes d'un point de vue botanique.

En dépit de ses nervures, qui l'associeraient au groupe d'espèces suivant, le peuplier blanc (p. 134-135) a de même été classé à cet endroit-là du fait de sa grande ressemblance avec le tremble (p. 128-129) et avec leur hybride commun, le grisard.

Feuilles palmées ou palmatilobées
Pages 218-237
Sur ces arbres, les nervures principales des feuilles naissent (pratiquement) à l'extrémité supérieure du pétiole et se prolongent jusqu'à la pointe des lobes. Le terme « palmé » fait référence à la ressemblance avec les doigts de la main, les nervures des feuilles partant toutes du même endroit, au niveau du pétiole, de la même façon que nos doigts prennent en réalité naissance au niveau du poignet. Ces feuilles sont généralement découpées en 3, 5 ou 7 lobes, mais chez le catalpa (p. 218-219) et le paulownia (p. 220-221), seules quelques feuilles sont palmées.

Feuilles composées
Pages 240-279
La plupart de ces arbres ont des feuilles pennées, c'est-à-dire divisées en un certain nombre (presque de folioles disposées de part et d'autre du pétiole. Les espèces décrites p. 266 à 271 ont des feuilles bipennées, c'est-à-dire que les folioles sont elles-mêmes subdivisées en folioles plus petites. Le févier à trois épines (p. 266-267) porte sur le même rameau des feuilles pennées et bipennées. Par ailleurs, les feuilles du marronnier d'Inde (p. 272-273) sont composées palmées, les folioles disposées en éventail.

Feuilles composées : le noyer commun

Très grosses feuilles
Pages 274-279
Cette section regroupe les palmiers dont les feuilles sont souvent énormes.

Arbrisseaux ou arbres de forme arbustive
Pages 280-283
Cette dernière section présente une petite sélection des arbrisseaux ou arbres de forme arbustive les plus courants d'Europe. La plupart ont plusieurs tiges.

Feuilles palmées : le platane à feuilles d'érable

Les feuillus/2

Fruits et graines
Ce guide ne se contente pas de décrire les feuilles des arbres, il donne également des indications sur les fruits et les graines qui facilitent l'identification des espèces.

Poirier

Le fruit est-il charnu ?
Le test le plus simple consiste à essayer d'enfoncer la pointe de l'ongle dans le fruit. Les arbres des p. 174-191, 196-201, 204-205, 210-213, 216-217, 238-243, 250-251, 254-255 et 274-279 ont tous des fruits charnus. Parmi ces espèces, les fruits du micocoulier (p. 176-177), des magnolias (p. 210-213) et du laquier (p. 254-255) ont un péricarpe charnu assez fin qui se dessèche rapidement. Chez le noyer commun (p. 250-251), le péricarpe charnu s'ouvre rapidement pour révéler une noix dure sur laquelle vous risqueriez de vous casser un ongle. Les fruits type cerise sont traités p. 180-185 et 196-199 ; les pommes et les poires p. 184-191 et 238-243.

Le fruit est-il enchâssé dans une cupule, ou bien est-il inclus ?

Chêne-liège

Reportez-vous à la famille des fagacées, qui inclut les chênes, p. 148-165 et au coudrier de Byzance (p. 122-123).

Les graines sont-elles ailées ?
Les graines des ormes (p. 166-173), des frênes (p. 244-249) et de l'ailanthe glanduleux (p. 256-257) sont soit entourées d'une fine aile globuleuse (ormes), soit prolongées par une aile aplatie.

Orme blanc

Les érables (p. 226-237 et 258-259) produisent des samares doubles dont les graines sont très nettement disposées à une extrémité des ailes. La noix du ptérocaryer du Caucase (p. 252-253) a pour sa part deux petites ailes. Enfin, chez le charme commun et le charme-houblon (p. 124 à 127), la graine est entourée d'un involucre foliacé.

Le fruit ressemble-t-il à une gousse aplatie ?
C'est la caractéristique des légumineuses (p. 202-203 et 260 à 269).

Est-ce un chaton ?
Comme les peupliers et les saules (p. 128 à 147 et 280-281), les aulnes et les bouleaux (p. 106 à 121) ont des fruits en chatons. C'est également le cas des charmes (p. 124 à 127).

Gousse aplatie

Le fruit est-il une capsule qui s'ouvre sur le côté pour libérer des graines ailées ?
C'est le cas du catalpa et du paulownia (p. 218 à 221). Les capsules des eucalyptus (p. 206 à 209) s'ouvrent en revanche dans

Chaton d'aulne

leur partie supérieure pour disperser leurs graines. Le marronnier d'Inde (p. 272-273) et le savonnier (p. 270-271) produisent eux aussi des capsules.

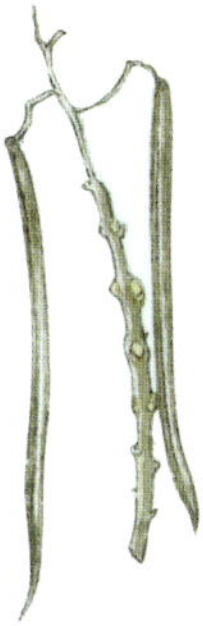

Capsule

Si l'arbre que vous cherchez à identifier ne correspond à aucune de ces espèces, il s'agit peut-être du tulipier de Virginie (p. 214-215), d'un tilleul (p. 192 à 195), du platane à feuilles d'érable (p. 222-223) ou du copalme d'Amérique (p. 224-225).

Tulipier de Virginie

Identifier un arbre en hiver

Après la chute des feuilles, il existe plusieurs façons de faciliter l'identification d'un arbre.

Bourgeons alternes

Les rameaux et les bourgeons sont les caractéristiques les plus précieuses. Ils vous permettront en effet souvent de déterminer à quel genre appartient l'arbre que vous examinez.

Bourgeons opposés

Observez d'abord la disposition des bourgeons. Sur la plupart des arbres, ils sont alternes, mais ceux du filaire à larges feuilles (p. 196-197), de l'olivier (p. 198-199), des eucalyptus (p. 206 à 209), du catalpa (p. 218-219), du paulownia (p. 220-221), des érables (p. 226 à 235 et 258-259) et du marronnier d'Inde (p. 272-273) sont opposés, ou encore groupés par trois.

Silhouette hivernale de l'alisier des bois

Vérifiez d'abord cet élément, car sur les arbres dont les feuilles se ressemblent, comme les érables et le copalme d'Amérique, les frênes et le sorbier des oiseleurs, les bourgeons ne sont pas disposés de la même façon.

L'hiver, vous trouverez souvent à proximité d'un arbre des feuilles de l'été précédent. De même, regardez les fruits qui restent éventuellement sur l'arbre ou qui sont éparpillés aux alentours, ou encore les débris, la cupule d'un gland par exemple.

Saule cassant : bourgeons à une seule écaille

Recherchez également tout caractère original, qu'il s'agisse de lambeaux d'écorce (celle des bouleaux par exemple s'exfolie, p. 114 à 121) ou de drageons (la seule espèce d'érable qui drageonne est l'érable de Cappadoce, p. 230-231). Examinez attentivement les bourgeons : ceux des saules (p. 134 à 147) n'ont qu'une écaille protectrice, alors qu'à l'exception de l'aulne vert, les aulnes (p. 106 à 113) portent des bourgeons pédonculés à deux écailles. Le ptérocaryer du Caucase (p. 252-253) a des bourgeons nus, les feuilles de l'année suivante apparaissant sans protection sur des rameaux miniatures. Seuls le noyer commun (p. 250-251) et le ptérocaryer ont enfin une moelle lamelliforme.

Aulne blanc : bourgeons pédonculés

Aulne (aune) glutineux, aulne noir, verne

Alnus glutinosa

Feuilles vert profond brillant dessus, visqueuses au début, vert pâle au revers, parsemées de touffes de poils blancs à l'aisselle des 6 à 8 paires de nervures. Feuilles de 4 à 10 cm de long et de 3 à 7 cm de large, pétiole de 1,5 à 3,5 cm.

Feuilles alternes ovales à presque rondes, en coin à la base, arrondies et souvent échancrées au sommet, marge ondulée et irrégulièrement dentée.

Rameaux couverts de glandes visqueuses au départ, devenant gris à maturité ; bourgeons oblongs de 0,7 cm, composés de 2 écailles couvertes de petites écailles grises, à l'extrémité de pédoncules écailleux de 0,5 cm de long.

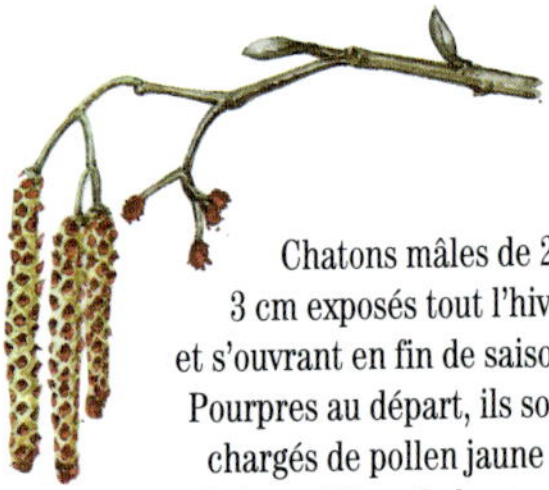

Chatons mâles de 2 à 3 cm exposés tout l'hiver et s'ouvrant en fin de saison. Pourpres au départ, ils sont chargés de pollen jaune et atteignent 7 cm de longueur à maturité.

Fleurs femelles ovoï des rouge-pourpre, par groupes de 4 ou 5. Elles se lignifient à maturité en une sorte de cône ovale ou globuleux de 1,2 à 1,5 cm de long, qui passe du vert au brun noirâtre.

Arbre à feuilles caduques

L'aulne, ou aune, est indigène dans toute l'Europe, à l'exception de l'extrême Nord et de l'Islande, des î les Féroé, de la Crète et des î les Baléares. Il pousse également en Afrique du Nord. À l'est, on le trouve jusqu'au Caucase. Il n'est pas parfaitement identique sur l'ensemble de son aire de répartition : ainsi, les aulnes corses ont de petites feuilles circulaires sur des rameaux brun-rouge, alors que les caucasiens ont des feuilles arrondies à la base avec 8 à 10 paires de nervures et des rameaux velus.

L'aulne glutineux pousse essentiellement le long des cours d'eau, ou dans les sols frais où coulent des sources. Il forme parfois sur les sites détrempés des bosquets ou des forêts que l'on appelle aulnaies. Planté, il pousse aussi sur des emplacements plus secs, mais ne s'y installerait pas de façon spontanée. Son nom fait référence aux glandes visqueuses qui couvrent ses nouvelles feuilles et ses rameaux, qui sèchent avec l'âge, laissant des verrues noires. Le bois est léger et facile à travailler, d'où son utilisation traditionnelle pour la confection de sabots. Blanc frais, il fonce en séchant et devient brun rougeâtre. Il est peu durable naturellement, sauf si on le conserve sous l'eau. Il produit un bon charbon de bois, idéal pour la fabrication de la poudre à fusil. Les aulnes rejettent très facilement de la souche. Les vieux aulnes qui poussent sur les berges sont souvent issus de rejetons.

Aulnes issus de rejets dans leur habitat traditionnel (voir texte ci-contre). Ce sont les chatons mâles jeunes qui donnent aux arbres ce reflet pourpre (voir encadré ci-contre) (photographie prise en février).

Écorce
Brun-pourpre sur les jeunes arbres, elle devient brun grisâtre avec l'âge, et se creuse de fissures orange ou pâles. L'écorce des vieux aulnes craquelle en petites plaques verticales grises.

Aulne blanc, aulne de montagne

Alnus incana

Feuilles de 5 à 10 cm de long et de 4 à 6 cm de large, vert terne dessus, grises et duveteuses au revers, en particulier sur les 9 à 12 paires de nervures ; pétiole de 2,5 à 3 cm.

Feuilles alternes, ovales à ovoï des, aiguës, à la base en coin ou arrondie ; marge généralement divisée en 6 lobes triangulaires ou dents grossières reliés par une fine dentelure irrégulière.

Rameaux gris ou brun grisâtre, couverts d'un duvet gris au départ. Bourgeons oblongs à 2 écailles. Graine petite et étroitement ailée.

Chatons mâles de 2 à 3 cm exposés tout l'hiver et s'ouvrant en fin de saison. Rouge-pourpre et chargés de pollen jaune, ils atteignent 10 cm à maturité.
Fleurs femelles rouge-pourpre groupées par 3 à 8.

Le fruit est un chaton ovoï de lignifié de 1,2 à 2,2 cm de long qui fonce à l'automne (maturité annuelle).

Arbre à feuilles caduques

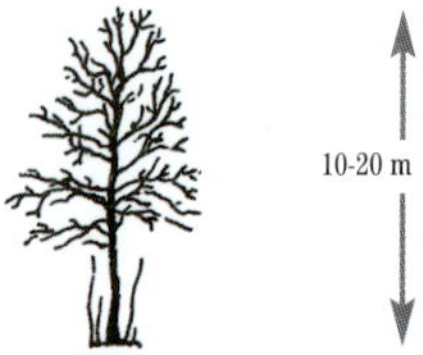

L'aulne blanc est originaire de l'Europe centrale et septentrionale et du Caucase. Il apprécie lui aussi les berges des rivières, mais a besoin d'un sol mieux drainé que l'aulne glutineux et ne pousse ni dans l'eau ni dans les sites détrempés. Il préfère les sols crayeux ou calcaires et croî t si on le plante sur des emplacements plus secs que la plupart de ses congénères. Il a la particularité de produire de nombreux rejets de racines, de sorte que les adultes sont généralement entourés de jeunes rejetons. Cet arbre est utile dans les vergers où il protège les fleurs des gelées printanières tardives : en effet, sa foliaison est précoce, tandis que sa cime étroite et son feuillage aéré ne privent pas les fruitiers d'eau ni de matières nutritives.

Les aulnes vivent en symbiose avec un groupe de bactéries qui leur permet de fixer l'azote atmosphérique et de produire ainsi des protéines. Grâce à cette aptitude à prendre l'azote dans l'air et pas seulement dans le sol, les aulnes peuvent s'épanouir sur les sols pauvres. Ainsi, ils sont utilisés pour le boisement de ces terrains, car ils enrichissent le sol en azote et en humus, jouant le rôle de plantes améliorantes.

Arbre généralement à cime étroite et au branchage plutôt épars.
Il se distingue d'*A. cordata* (voir p. 110) au feuillage brillant par ses feuilles d'un vert terne.

Écorce
Gris foncé et lisse chez les jeunes arbres, ponctuée de pores verticaux, les lenticelles. Gris terne et fissurée chez les vieux spécimens.

Aulne à feuilles cordiformes, aulne d'Italie

Alnus cordata

Feuilles alternes sur les rameaux à section triangulaire couverts d'une pruine grise le premier hiver.

Feuilles ovales de 3 à 12 cm de large et de 4 à 8 cm de long, profondément cordiformes à la base, brusquement acuminées ou arrondies à l'apex, finement dentées. Vert foncé brillant dessus, vert clair au revers avec des touffes de poils bruns ou roux à l'aisselle des nervures. Nervures peu marquées, n'atteignant pas la marge ; pétioles de 3 cm.

Chatons mâles verts, chargés de pollen jaune, groupés par 3 à 5, mesurant jusqu'à 10 cm de long, exposés tout l'hiver, s'ouvrant en fin de saison.

Fruit ovoïde, parfois allongé, issu d'un chaton femelle dressé et lignifié de 2,5 à 3 cm de long, qui passe du vert au brun en automne (maturité annuelle).

Arbre à feuilles caduques

15-30 m

La terre natale d'*A. cordata* est le sud de l'Italie et la Corse, ainsi que le nord-ouest de l'Albanie. La variété italienne est celle que l'on cultive habituellement.

Les feuilles des spécimens corses ne sont pas acuminées, mais arrondies au sommet, alors que celles des aulnes albanais sont les plus petites. Contrairement à ce que son origine méridionale pourrait laisser croire, *A. cordata* est une espèce rustique dont on trouve des spécimens de près de 30 m de hauteur jusque dans le sud de l'Écosse.

Comme beaucoup d'arbres européens, cet aulne n'a probablement pas recolonisé les terres perdues au cours de la dernière glaciation. Cultivé, il atteint rapidement 10 m de hauteur, puis sa croissance ralentit. C'est un bel arbre au feuillage dense et brillant dont les chatons colorés s'ouvrent sur des rameaux nus dès la fin de l'hiver ou le début du printemps. Sa cime assez étroite en fait une espèce d'alignement idéale, parfaite pour tous les espaces confinés. Un seul inconvénient : il n'arbore pas de belles couleurs en automne. Il tolère des sols très divers et supporte mieux les terrains secs que la plupart des autres aulnes. Son bois léger convient au placage et à l'emballage.

La couronne dense typique d'*A. cordata* le fait ressembler un peu à un poirier, dont il se distingue cependant très vite par ses petits cônes ligneux (voir encadré ci-contre).

Écorce
Lisse, vésiculeuse, gris-brun à grise sur les jeunes arbres, puis fissurée à la base.

Aulne (aune) vert, aunâtre

Alnus viridis

Chatons mâles couverts de résine blanche en hiver, s'ouvrant avec la foliaison en avril-mai et atteignant 5 à 8 cm de long.

Feuilles ovoïdes à ovales arrondies de 2,5 à 8 cm de long et de 2 à 7 cm de large ; acuminées, arrondies à la base ; marge doublement dentée, avec quelques dents triangulaires et touffes de poils sur les sinus intermédiaires. Dessus vert terne aux nervures velues, revers vert brillant pâle et glutineux, dont les 6 à 8 paires de nervures sont ponctuées de petites glandes noires. Poils axillaires bruns. Pétioles de 1,5 cm de long.

Feuilles alternes sur des rameaux bruns fortement cannelés au-dessous des feuilles.

Chaton femelle ovoïde de 1,2 à 2 cm, se lignifiant et passant du vert au brun foncé dès le premier automne (maturité annuelle).

Bourgeons lancéolés, couverts de nombreuses écailles appliquées, vert brillant ou pourpres, non pédonculés.

Arbuste à feuilles caduques

Rarement plus de 5 m de hauteur

L'aulne vert est natif des montagnes du centre et du sud-est de l'Europe. Il se distingue des autres aulnes décrits dans ce guide sur plusieurs points, car il appartient à un sous-genre différent, *Alnobetula*. Ainsi, ses bourgeons sont acuminés, couverts de nombreuses écailles appliquées et imbriquées, et dépourvus de pédoncules (ceux qui se trouvent à la base des rameaux sont cependant parfois légèrement pédonculés). Si l'aulne vert est davantage un arbuste qu'un arbre, cette différence pratique n'est pas vraiment une spécificité botanique. Il a toutefois en commun avec ses cousins plus imposants la plupart des caractéristiques typiques des aulnes, notamment l'aptitude à fixer l'azote atmosphérique (voir p. 108), les chatons mâles et femelles exposés tout l'hiver avant de s'ouvrir au printemps et un cône issu d'un chaton lignifié. Si ce fruit ressemble beaucoup à celui du bouleau, il est persistant, alors que le cône du bouleau se décompose pour libérer ses graines.

L'aulne vert est utilisé pour améliorer les plantations forestières et les terrains en friche auxquels il apporte azote et protection sans atteindre une taille qui le ferait rivaliser avec les arbres cultivés.

L'aulne vert forme des fourrés plutôt que des forêts en montagne.

Écorce
Brune et lisse.

Bouleau verruqueux, bouleau commun, boulard, bois à balais, arbre de la sagesse

Betula pendula

Rameaux rugueux, verruqueux, glabres.

Chatons mâles jaunâtres exposés aux intempéries tout l'hiver, grossissant au printemps et atteignant 3 cm de long. Chatons femelles verts dressés. Fruits cylindriques pendants de 2 à 3 cm, mûrs à l'automne.

Feuilles de 3 à 7 cm de long et de 2,5 à 4,5 cm de large, alternes sur les rameaux longs, en verticilles de 2 sur les pousses courtes : 6 paires de nervures environ, marge doublement dentée (c'est-à-dire les grosses dents étant elles-mêmes dentées), dents triangulaires.

Bractées composées de 2 lobes latéraux arrondis et d'un gros lobe central ; petite graine munie de grandes ailes latérales.

ESPÈCE VOISINE

Bouleau pubescent, bouleau blanc *Betula pubescens*

Feuilles ovales larges à arrondies de 1,5 à 5,5 cm de long et de 1,5 à 4,5 cm de large ; une seule série de dents triangulaires sur la marge, à moins qu'elles soient légèrement (mais jamais nettement) doublement dentées ; feuilles pubescentes, en particulier sur les nervures et au revers.

Rameaux lisses, couvert d'un pâle duvet au départ, portant quelques verrues.

Arbre à feuilles caduques

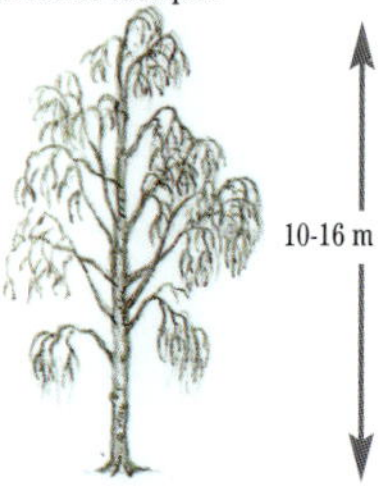

Le bouleau verruqueux est indigène dans presque toute l'Europe, des Pyrénées à la Grande-Bretagne et à l'est jusqu'au nord de l'Asie. Ce petit arbre à croissance rapide, qui pousse sur les sols légers et bien drainés, vit rarement plus de 50 ans. Son bois léger est utilisé pour faire du placage. Au printemps, la sève qui contient des sucres est parfois recueillie pour fabriquer de la bière. La blancheur argentée du tronc est due à la présence de bétuline.

Seul arbre indigène en Islande, le bouleau pubescent a par ailleurs une aire de répartition similaire à celle du bouleau verruqueux, auquel il ressemble beaucoup à première vue. Cependant, ses feuilles ont une seule série de dents régulières sur leur marge, alors que celles du bouleau verruqueux sont bordées de grosses dents triangulaires elles-mêmes dentées. Par ailleurs, ses feuilles et ses rameaux, qui sont parfois verruqueux, sont pubescents (d'où son nom). Son écorce ne présente en outre jamais les crevasses liégeuses caractéristiques du bouleau verruqueux. Si les deux espèces sont assez proches, elles ne se croisent jamais en raison de différences génétiques. Enfin, bien qu'ils poussent souvent côte à côte, le bouleau pubescent s'accommode de sols plus humides que le verruqueux.

Le bouleau verruqueux est un arbre élégant à la couronne délicate qui se pare généralement de beaux tons dorés à l'automne.

ÉCORCE
Blanc argenté dans le haut de la cime, se fissurant avec l'âge en épaisses crevasses liégeuses à la base.

Bouleau à canots, bouleau à papier

Betula papyrifera

Feuilles alternes ou en petits verticilles sur les rameaux courts ; ovales triangulaires, de 5 à 10 cm de long et de 3 à 5 cm de large, acuminées ; arrondies ou légèrement cordiformes à la base ; marge doublement dentée ; glandes noires et 5 à 10 paires de nervures au revers, avec des touffes de poils à l'aisselle des nervures ; pétiole de 1,5 à 2,5 cm ponctué de petites glandes noires.

Rameaux glabres ou pubescents, parfois verruqueux.

Chatons mâles jaunes au printemps, où ils atteignent 6 à 10 cm de long ; fruits cylindriques pendants de 4 à 5 cm de long.

Arbre à feuilles caduques

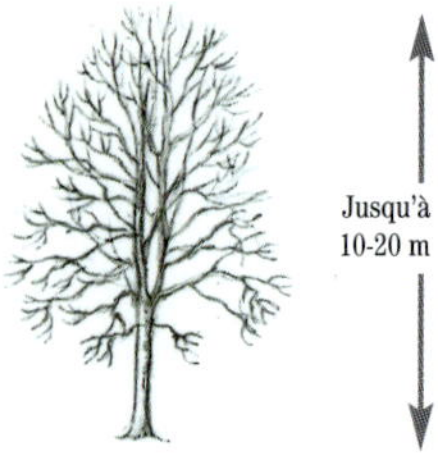

La terre natale du bouleau à canots couvre toute une partie de l'Amérique du Nord, de la côte atlantique du Canada pratiquement jusqu'à la côte pacifique de l'Alaska, et en descendant le long des Appalaches jusqu'à l'État de New York et à la Pennsylvanie. Les arbres varient beaucoup sur cette vaste étendue, la couleur de l'écorce, notamment. Certaines formes perdent très lentement leur écorce brune juvénile. Le tronc est parfois assez gros pour la scierie, mais en Europe ce bouleau est avant tout un arbre d'ornement.

L'élément le plus précieux de cette espèce est son écorce, qui s'exfolie en plaques (veiller à ne pas retirer la couche inférieure, car cela abî merait l'arbre). Comme elle contient de la bétuline (composante blanche et cireuse de l'écorce de bouleau), elle est imperméable à l'eau. C'est pourquoi les Indiens d'Amérique s'en servaient pour recouvrir leurs canoës (d'où le nom commun de l'espèce). L'écorce servait également de papier, ce qui explique son nom latin et son second nom français.

Le bouleau à canots ressemble beaucoup aux bouleaux verruqueux et pubescents, mais il s'en distingue par le grand nombre de glandes résineuses noires au revers de ses feuilles.

Avec son écorce intéressante et son beau feuillage doré en automne, le bouleau à canots est un élégant arbre d'ornement.

ÉCORCE
Brune chez les jeunes arbres, elle devient blanc crème à craie, souvent teintée de rose avec l'âge.

Bouleau des rivières

Betula nigra

Feuilles alternes sur les longs rameaux pubescents blancs, en verticilles de 2 ou de 3 sur les pousses courtes ; généralement rhombiques, de 4 à 9 cm de long et de 2 à 6 cm de large, acuminées, en forme de coin à la base ; marge découpée en grosses dents triangulaires réunies par environ 4 dents plus petites ; revers blanc et pubescent, avec 6 à 10 paires de nervures ; pétiole de 1 cm de long, couvert de poils blancs drus.

Fruits dressés de 2,5 à 4 cm, mûrs en été ; écaille fructifère composée de 3 lobes pubescents identiques.

Arbre à feuilles caduques

Jusqu'à 10 ou 15 m de hauteur

Le bouleau des rivières est originaire de l'est de l'Amérique du Nord, depuis la Nouvelle-Angleterre jusqu'au golfe du Texas et au nord jusqu'au Wisconsin : c'est la plus méridionale des espèces de bouleau américaines. C'est un arbre des lieux humides, limité sur la majeure partie de son aire de répartition aux berges inondées en période de crue. Cultivé, il s'accommode de la plupart des sols. La maturation estivale de ses fruits est toutefois liée à son habitat naturel : en effet, le niveau de l'eau étant au plus bas en été, les graines sont produites à ce moment-là ; elles peuvent ainsi germer dans le sol humide avant les inondations.

Le nom latin de l'arbre fait référence à la couleur de son écorce, qui se détache en petites écailles et devient très noire sur les vieux spécimens. Toutefois, la plupart des arbres cultivés en Europe sont bien plus jeunes, de sorte que leur écorce est encore chamois ou orange blanchâtre. Elle contient toujours de la bétuline et s'exfolie joliment en lamelles.

Ce bouleau se distingue de ses congénères par ses fruits dressés, ses feuilles rhombiques blanches et pubescentes et ses rameaux juvéniles couverts de poils blancs.

Le bouleau des rivières est un bel arbre d'ornement.
Les vieux spécimens, qui sont rares en Europe, ont une écorce originale.

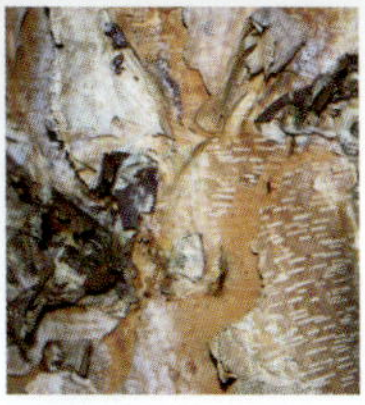

Écorce
Chamois rosé ou orange et s'exfoliant en longues lamelles sur les jeunes arbres, elle devient noire ou rougeâtre sur les vieux spécimens où elle se détache en écailles.

Bouleau de l'Himalaya, bouleau utile

Betula utilis

Feuilles alternes sur les rameaux longs, qui sont légèrement pubescents et verruqueux, solitaires ou groupées par 2 sur les rameaux courts ; ovoï des de 3 à 10 cm de long et de 2 à 8 cm de large, acuminées, avec une base arrondie, tronquée ou légèrement cordiforme ; petites dents triangulaires simples sur la marge ; vert brillant dessus, avec de longs poils blancs sur la nervure médiane ; vert pâle au revers, avec 9 à 14 paires de nervures saillantes et pubescentes ; petites glandes entre les nervures ; pétioles de 1 à 2,5 cm de long.

ESPÈCES VOISINES

Bouleau de Jacquemont *Betula jacquemontii*
Feuilles plus larges que celles de *B. utilis*, de 7 à 14 cm de long et de 6 à 10 cm de large, vert mat dessus, avec seulement 7 à 11 paires de nervures ; marge grossièrement et parfois doublement dentée.

Bouleau d'Erman
Betula ermanii
Feuilles ovales (attachées par le côté le plus large), de 5 à 10 cm de long et 4 à 7 cm de large ; doublement dentées, avec des dents arrondies et étirées en un long apex, les plus grosses se trouvant à l'extrémité des 7 à 12 paires de nervures.

Arbre à feuilles caduques

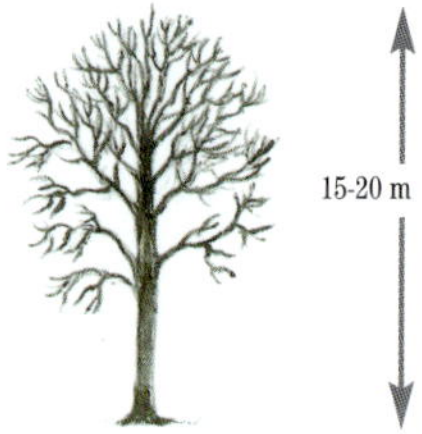

Cet arbre est originaire de l'Himalaya, du centre du Népal à l'ouest de la Chine en passant par l'Inde, le Bhoutan et la Birmanie. S'il forme des bosquets purs jusqu'à la limite de la forêt, c'est toutefois sur les spécimens qui poussent en compagnie des magnolias, des tsugas, des sapins *abies* et des rhododendrons que l'on trouve les plus belles écorces. Chez les vieux bouleaux intacts, les plaques d'écorce qui se détachent mesurent jusqu'à 60 cm de largeur. Cette espèce porte bien son nom, car on utilise son bois comme bois d'œuvre et bois de feu, et ses lamelles d'écorce servent de papier aux habitants de ces régions.

Le bouleau de Jacquemont pousse lui aussi dans l'Himalaya, de l'ouest du Népal central jusqu'à l'est de l'Afghanistan en passant par l'Inde et le Pakistan. On le considère souvent comme une variété de *B. utilis* auquel il ressemble beaucoup, mais dont il se distingue aisément par son écorce blanche et ses feuilles ovales plus larges, doublement dentées et moins nervurées. Il partage certaines caractéristiques avec les bouleaux blancs.

Le bouleau d'Erman est indigène au Japon, en Corée, dans le nord-est de la Chine et en Russie, du lac Baï kal au Kamtchatka. Blanche comme celle du bouleau de Jacquemont, son écorce se détache cependant en fines lanières et non en larges plaques.

B. utilis a un port en coupole. Dans l'Himalaya, il pousse parfois dans des forêts mixtes avec d'autres arbres et des bambous, comme ici (photo prise au Bhoutan).

Écorce

L'écorce de *B. utilis* est brun-rouge à cuivre, sans bétuline blanche.
Elle se détache en fines plaques. L'écorce des bouleaux de Jacquemont et d'Erman est blanche ou blanc crème jusque sur les branches.

Coudrier de Byzance, coudrier du Levant, noisetier turc

Corylus colurna

Feuilles ovales ou ovoïdes de 7 à 13 cm de long et de 6 à 14 cm de large, apex aigu, marge lobée bordée d'une double série de dents émoussées ; feuilles cordiformes à la base, velues des deux côtés avec 6 à 10 paires de nervures.

Feuilles alternes ; rameaux chamois, couverts de petits poils clairs et de poils plus longs terminés par une glande, commençant à s'exfolier dès la deuxième année.

Chatons mâles jaunes, se développant à la fin de l'hiver et atteignant 8 cm de long. Fruits mûrs à l'automne, enfermés dans un épais involucre profondément lobé. Noisette marron clair de 1 cm.

ESPÈCES VOISINES

Noisetier commun, coudrier *Corylus avellana*

Feuilles plus petites (5 à 10 cm de long et 4 à 8 cm de large), plus ovoïdes et bordées de dents plus aiguës que celles du coudrier de Byzance. Fruit de 1,5 à 2 cm enveloppé dans une cupule foliacée formant une gaine incomplète.

Noisetier blanc, noisetier franc, noisetier de Lambert *Corylus maxima*

Feuilles plus ovoïdes et doublement dentées, de 5 à 12 cm de long et de 4 à 10 cm de large. La gaine qui enserre le fruit de 1,5 à 2,5 cm de long est une cupule tubulaire dont la noisette n'émerge pas.

Arbre à feuilles caduques

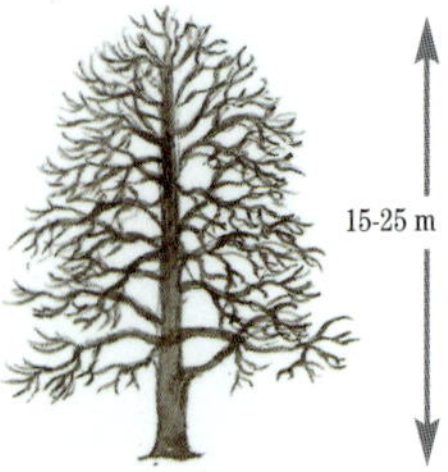

Le coudrier de Byzance vit à l'état sauvage du sud-est de l'Europe jusqu'à l'ouest de la Turquie, le Caucase et le nord de l'Iran. Il a une couronne conique étroite ou encore un port colonnaire aux branches horizontales régulières. Sa tolérance des sols pauvres en fait un arbre d'alignement très utile. Ses noisettes sont trop petites pour présenter un intérêt commercial.

Le noisetier commun ou coudrier pousse pour sa part dans la majeure partie de l'Europe, jusque dans le Caucase et en Turquie. Bien que son tronc atteigne parfois 25 cm de diamètre et 8 m de hauteur, il donne plus couramment des arbrisseaux touffus avec 6 à 10 fines branches. On le multipliait souvent en le faisant rejeter de la souche, c'est-à-dire en le coupant à ras de terre pour qu'il forme de nouvelles pousses, une opération que l'on peut renouveler tous les 10 à 15 ans pendant des siècles. Récoltées lorsqu'elles font 5 à 8 cm de diamètre, les tiges sont ensuite fendues et tressées en claies, ou bien utilisées comme piquets ou bois de feu. Ces claies clôturaient les pacages à moutons, ou encore servaient de trame sur laquelle on appliquait du torchis ou du plâtre pour construire des maisons. Ses noisettes sont délicieuses.

Le noisetier blanc ou franc est originaire du sud-est de l'Europe et de la Turquie. Ce petit arbrisseau touffu est cultivé pour ses grosses noisettes.

Couronne conique feuillue typique du coudrier de Byzance en été. L'arbre s'illumine à la fin de l'hiver, lors de l'éclosion de ses chatons mâles retombants.

Écorce
Cette jolie écorce chamois ou gris cendré s'épaissit et devient fissurée et écailleuse en vieillissant.

Charme commun

Carpinus betulus

Feuilles ovoïdes à ovales, de 5 à 9 cm de long et de 2,5 à 5 cm de large, acuminées, à la base arrondie ou cordiforme, double indentation triangulaire irrégulière sur la marge ; gris mat et légèrement pubescentes sur les nervures sillonnantes dessus, vert pâle brillant avec 10 à 15 paires de nervures au revers.

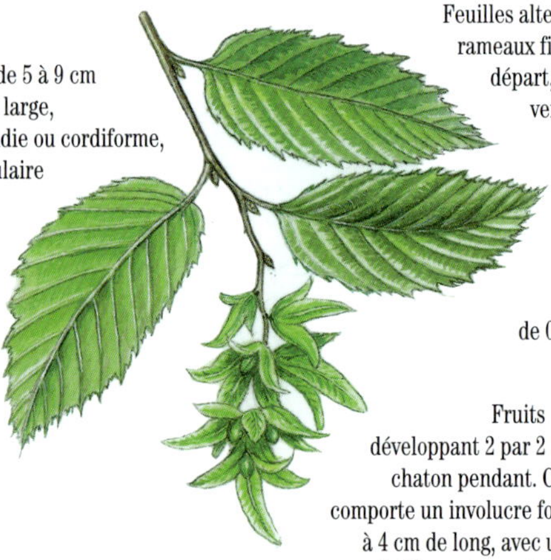

Feuilles alternes sur les rameaux fins, velus au départ, passant du vert au brun à maturité.

Bourgeons ovoïdes pointus de 0,4 à 0,7 cm.

Fruits (akènes) se développant 2 par 2 le long d'un chaton pendant. Chaque fruit comporte un involucre foliacé de 2,5 à 4 cm de long, avec un gros lobe central oblong et deux lobes latéraux étalés, et contient une graine cannelée de 0,7 cm de long.

ESPÈCE VOISINE
Charme d'Orient *Carpinus orientalis*
Feuilles plus petites (2 à 6 cm de long et 1,2 à 2,5 cm de large), acuminées, avec une double indentation marginale régulière et 10 à 14 paires de nervures soyeuses argentées.

Involucre des fruits ovale triangulaire à ovoïde de 1,5 à 2 cm de long, grossièrement denté mais pas lobé.

Arbre à feuilles caduques

Cet arbre est indigène en Europe, du sud-est de l'Angleterre à la Turquie. Son bois très résistant n'est pas facile à travailler, mais il permet de confectionner plans de travail et planches à découper. Il servait autrefois à fabriquer des jougs pour les bœufs. Son nom latin fait référence à son lien avec les bouleaux. Il se distingue cependant de ces derniers, ainsi que du genre *Ostrya*, encore plus proche, par ses chatons mâles, inclus tout au long de l'hiver dans les bourgeons.

Si le charme commun ressemble beaucoup au hêtre à première vue, par son écorce lisse et argentée notamment, c'est toutefois un arbre plus petit, avec de plus petits bourgeons et des fruits très différents. Il tolère en outre des sols plus lourds et moins bien drainés. Comme le hêtre, il conserve ses feuilles mortes en hiver lorsqu'il est jeune, de sorte qu'on peut l'utiliser pour faire une haie dense.

Le cultivar « fascigiata » est une espèce d'alignement et d'ornement très courante.

C. orientalis pousse pour sa part de l'Italie au Caucase. C'est un arbre beaucoup plus petit qui s'accommode de sols plus secs.

Le charme apprécie les sols lourds et argileux, où il forme des bosquets mixtes ou des haies.
Cette photographie illustre le cultivar « fascigiata » (voir page ci-contre).

Écorce
Lisse et gris-argent tout au long de la vie du charme, mais cannelée sur les vieux spécimens.

Charme-houblon

Ostrya carpinifolia

Feuilles ovales ou ovoïdes de 6 à 12 cm de long et de 3 à 6 cm de large, finement acuminées, à la base arrondie ou légèrement cordiforme ; marge découpée d'une indentation régulière, double par endroits ; vert mat dessus, plus claires au revers, couvertes de poils pâles sur les 12 à 15 paires de nervures. Pétiole de 1 cm.

Feuilles alternes sur les rameaux qui sont pour leur part verts et pubescents au départ, puis bruns et brillants. Bourgeons coniques ou ovoïdes de 0,4 cm.

Fruits pendant en groupes de 15 à 20, virant au brun à maturité en automne. Involucre renfermant une seule graine lisse et aplatie de 0,6 sur 0,3 cm.

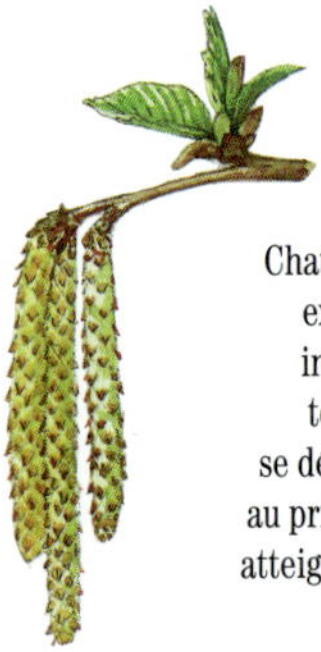

Chatons mâles exposés aux intempéries tout l'hiver, se développant au printemps et atteignant 7 cm.

Arbre à feuilles caduques

La terre natale du charme-houblon se trouve sur les versants secs des forêts de feuillus mélangées du sud de l'Europe, depuis le sud-est de la France jusqu'en Asie Mineure et au Caucase. Son nom commun fait référence à la ressemblance de ses inflorescences avec celles du houblon, mais, contrairement à celles-ci, on ne peut pas utiliser les fleurs de charme pour parfumer la bière. Le nom latin *Ostrya*, « coquillage », est une allusion au fait que la graine est complètement enveloppée par l'involucre.

Cet arbre est un proche parent du charme commun, dont il a le feuillage et le bois dur, employé aux mêmes usages. On reconnaît le charme-houblon à ses involucres lorsqu'il est en fruit, et le reste du temps à ses chatons mâles, exposés dès leur formation en été, alors que ceux du charme commun sont inclus dans les bourgeons.

Le charme-houblon fait un bel arbre d'ornement, particulièrement attrayant lorsque ses chatons mâles grossissent au printemps et quand son feuillage jaunit à l'automne.

Comme le montre cette photo, le charme-houblon a un feuillage très dense au début de l'été. Il est très décoratif au printemps lorsque ses chatons mâles grossissent et il arbore de belles couleurs en automne.

Écorce
Lisse et gris-vert sur les jeunes arbres, elle se fissure et s'exfolie en grosses plaques écailleuses avec l'âge, révélant un endoderme brun orangé.

Tremble, peuplier-tremble

Populus tremula

Feuilles rondes à ovoïdes de 1,5 à 8 cm, arrondies au sommet, à la base légèrement cordiforme ou arrondie aussi, à la marge ondulée entre les grosses dents arrondies ; vert bleuté dessus, vert clair ou pruineuses au revers ; les jeunes feuilles sont généralement cuivre et couvertes d'un duvet blanc. Pétiole de 4 à 8 cm, arrondi à la base, mais aplati transversalement près de la feuille, ce qui explique le tremblement des feuilles au moindre souffle d'air.

Feuilles alternes sur les rameaux vert olive brillant, puis bruns. Bourgeons ovales à coniques brun brillant de 0,6 cm.

Fleurs mâles sur les pousses cannelées derrière les bourgeons ovoïdes. Elles s'ouvrent au printemps et mesurent 5 à 10 cm de long.

Espèce voisine
Tremble américain
Populus tremuloides
Espèce américaine aux feuilles plus finement dentées que celles du tremble.

Arbre à feuilles caduques

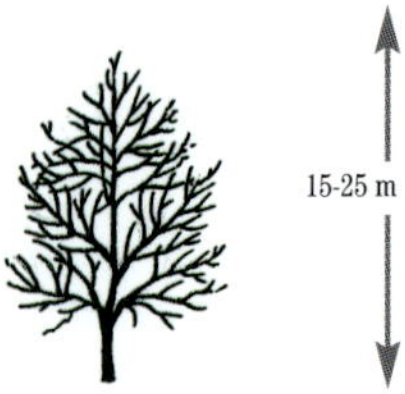

Le tremble est indigène dans presque toute l'Europe, au nord de l'Espagne, et de la Grande-Bretagne à la Turquie et à l'Asie centrale. On le trouve également dans le nord de l'Algérie. Il ne pousse que sur les sites humides, mais, une fois établi, il peut se multiplier par des rejets de racines, de sorte qu'une seule plante finit par couvrir une vaste étendue. Le tremble se reproduit aussi par ses graines légères emportées par le vent. Comme la plupart des peupliers, c'est une espèce monoïque (c'est-à-dire qu'il existe des arbres mâles et des arbres femelles).

La forme du pétiole est à l'origine du « tremblement » des feuilles au moindre souffle d'air, le frottement des feuilles rigides les unes contre les autres provoquant un bruissement caractéristique. Le bois tendre brûle lentement sans faire d'étincelles ; on l'utilise pour fabriquer des allumettes.

P. tremuloides pousse quant à lui dans toute l'Amérique du Nord, jusqu'au nord du Mexique. On le distingue aisément à ses feuilles beaucoup plus finement dentées. Il existe une espèce voisine dans le nord-est de l'Amérique du Nord, *P. grandidentata,* dont les feuilles ont des dents plus grosses. Ces deux espèces américaines sont parfois plantées en Europe ou bien utilisées pour produire des hybrides.

Le tremble a un port colonnaire.
Il est souvent entouré de rejetons.
Il arbore parfois (comme ici)
des couleurs merveilleuses
en automne.

Écorce
Lisse et vert grisâtre sur les jeunes arbres, ponctuée de pores saillants (les lenticelles).
Elle se creuse de sillons peu profonds à la base des vieux spécimens.

Peuplier noir

Populus nigra

Feuilles de 5 à 8 cm de long et de 6 à 8 cm de large, de forme variable, rhombiques et arrondies sur les rameaux vigoureux mais triangulaires sur les ramules plus grêles ; fines et pointues au sommet, en forme de coin et tronquées à la base ; marge découpée de petites dents fines et ourlée d'une bande translucide ; vert brillant dessus et plus claires au revers.

Feuilles alternes sur les rameaux fins blanchâtres ou brun-jaune. Bourgeons de 0,7 cm étroits, pointus, appliqués contre le rameau à la base, écartés au sommet.

Pétiole aplati de 3 à 4 cm, souvent vrillé, et dans le cas de la variété *betulifolia*, noué autour d'une galle.

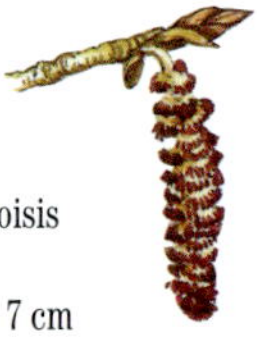

Les arbres mâles portent des chatons cramoisis au printemps qui atteignent 6 à 7 cm de longueur.

Les arbres femelles portent de plus petites fleurs verdâtres qui se développent en chatons de 10 à 15 cm de long qui libèrent les graines plumeuses au début de l'été.

Arbre à feuilles caduques

Ce peuplier pousse à l'état sauvage de l'ouest de l'Europe jusqu'à l'Asie centrale à l'est, et à l'Afrique du Nord au sud. Il a été abondamment planté dans ces régions, de sorte qu'il est difficile de savoir précisément où il est indigène. Deux des formes les plus couramment cultivées illustrent ce problème. Citons en premier lieu le cultivar 'Italica', dit « peuplier d'Italie », au port fastigié caractéristique. Ces deux noms font référence au même pays, mais on pense que la variété est en fait originaire d'Asie centrale, et qu'elle a été introduite en Italie. Le véritable peuplier d'Italie est un arbre mâle (les spécimens à la couronne un peu plus large sont femelles). Voyons en second lieu, la var. *betulifolia,* d'Europe de l'Ouest. Elle a une cime en coupole arrondie comme celle d'un peuplier noir typique, mais plus dense et touffue ; en outre, ses feuilles et pétioles sont velus au départ. Ce peuplier est probablement indigène dans le sud de l'Angleterre, où l'on trouve essentiellement des arbres mâles. Les galles que forment les pucerons *Pemphigus* sont caractéristiques.

Le peuplier noir était autrefois abondamment cultivé pour son bois, utilisé pour faire le plancher des wagons, car il est tendre et absorbe bien les chocs. Depuis le début du XVIIIᵉ siècle, il a été supplanté par son hybride euro-américain.

Souvent planté à une bonne distance des berges très humides qu'apprécient ses congénères, le peuplier d'Italie est le peuplier noir le plus courant.

ÉCORCE
Gris-brun, se creusant de profondes fissures aux bords épais.

Peuplier baumier

Populus trichocarpa

Longues feuilles ovoïdes de 7 à 15 cm de long et de 5 à 10 cm de large, acuminées, base arrondie ou légèrement cordiforme.

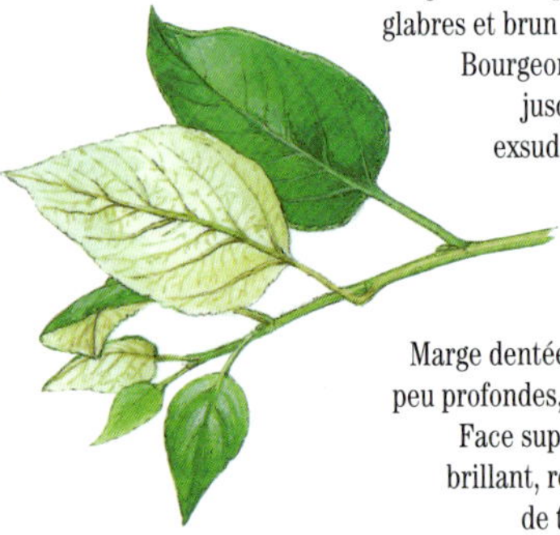

Feuilles alternes ; rameaux légèrement angulaires et pubescents jeunes, puis ronds, glabres et brun rougeâtre brillant à maturité. Bourgeons étroits et pointus mesurant jusqu'à 3 cm de long, brun-rouge, exsudant une résine jaune à l'odeur balsamique.

Marge dentée et ondulée, aux indentations peu profondes, mais sans bande translucide. Face supérieure des feuilles vert foncé brillant, revers blanc ou blanc jaunâtre, de texture huileuse, non nervuré. Pétiole de section ronde.

Chatons fructifères pendants ; capsules s'ouvrant en trois endroits pour libérer une abondance de graines plumeuses.

Espèce voisine
Peuplier de l'Ontario
Populus candicans
Feuilles ovoïdes (attachées par l'extrémité la plus large) à la marge velue. Tronc défiguré par les chancres.

Arbre à feuilles caduques

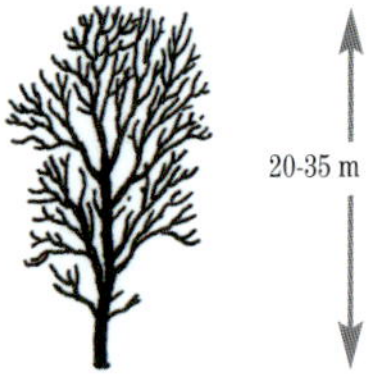

Ce peuplier baumier est originaire de l'ouest de l'Amérique du Nord, de l'Alaska à la Basse-Californie dans le nord du Mexique, et à l'est jusqu'à l'Alberta, le Montana et le Dakota du Sud. C'est un arbre au beau port colonnaire dont le feuillage dense jaunit à l'automne. On le plante en spécimen isolé, et, comme ses congénères, il aime les emplacements humides. Il a le bois léger et tendre typique des peupliers.

Le duvet blanc cotonneux qui entoure les petites graines facilite leur dispersion par le vent (d'où le qualificatif latin de *trichocarpa*, qui signifie « fruit pubescent »). Seuls les peupliers femelles produisent des graines. Ils ne sont guère appréciés des gens qui étendent leur lessive dehors au mois de juin, car les graines s'agrippent au linge mouillé. En revanche, le nom commun de cet arbre fait référence à la forte odeur balsamique de son feuillage juvénile.

Le peuplier de l'Ontario est un arbre femelle d'origine incertaine. Il s'agit peut-être d'une forme du baumier de l'est de l'Amérique du Nord, ou d'un hybride issu de ce dernier et de *Populus deltoides.* C'est un arbre plus petit au magnifique feuillage exhalant une odeur balsamique. On cultive surtout le cultivar 'Aurora'.

Ce beau peuplier baumier au port colonnaire rejette souvent des racines.

Écorce
Gris-vert ou gris jaunâtre et lisse, devenant grise et fissurée sur les vieux spécimens.

Peuplier blanc, peuplier de Hollande, aube

Populus alba

Rameaux laineux d'un beau blanc immaculé jeunes, mais perdant rapidement leurs poils et révélant alors une écorce verte qui brunit à maturité. Feuilles et bourgeons alternes. Bourgeons ovoïdes et pointus, brun orangé, parsemés de poils blancs.

Feuilles de 6 à 12 cm laineuses et blanc argenté jeunes ; la face supérieure perd rapidement ce duvet laineux et devient vert foncé brillant, mais le revers demeure blanc grisâtre. Feuilles de forme variable, avec 3 à 5 lobes triangulaires et quelques dents ; base arrondie ou légèrement cordiforme ; pas de bande translucide autour de la marge. Pétiole laineux légèrement aplati.

Chatons mâles formés au printemps, avant la foliaison. Ils sont rouges, parsemés de duvet gris et mesurent jusqu'à 8 cm de long.

Chatons femelles verts, se développant avec la maturation des fruits pour atteindre 8 à 10 cm de long.

ESPÈCE VOISINE
Grisard *Populus canescens*
Les feuilles grises et velues au revers lorsqu'elles sont jeunes sont dentées mais pas lobées, sauf sur les rameaux les plus vigoureux.

Arbre à feuilles caduques

Le peuplier blanc est indigène en Europe, du Portugal et de l'Espagne à l'ouest jusqu'en Allemagne au nord, et en Asie centrale à l'est. On le trouve aussi sur le littoral nord-africain. Il a été abondamment planté en dehors de ces régions, y compris en Grande-Bretagne, pour son joli feuillage argenté. Comme il rejette des racines, les plantations forment rapidement des bosquets qui ont l'air naturel. Il affectionne particulièrement les sols fertiles, bien drainés, mais humides, et le plein soleil. Comme les autres peupliers, il ne supporte pas l'ombrage, mais tolère en revanche, contrairement à la plupart de ses congénères, les sites détrempés. Son bois est tendre et blanc.

Le grisard est un hybride naturel issu du peuplier blanc et du tremble. Intermédiaire entre ses deux parents, il a en outre la vigueur des hybrides. Il pousse spontanément là où les deux espèces mères poussent conjointement, mais on le plante également fréquemment comme spécimen isolé. Comme ses parents, il rejette beaucoup de racines et se multiplie donc rapidement. Ses feuilles sont duveteuses au départ, comme celles du peuplier blanc, mais elles sont plutôt grises que couleur argent. Elles sont arrondies comme sur le tremble sur les ramules grêles, mais les rameaux plus vigoureux produisent des feuilles fortement lobées.

La couronne ronde en coupole du peuplier blanc est splendide lorsque le vent agite ses feuilles et révèle leur revers blanc argenté. La photo ci-dessus représente un vieux spécimen à proximité du Yarlung Tsangpo dans le sud-est du Tibet.

Écorce
Vert-gris ou blanc crème, lisse sur les jeunes spécimens, ponctuée de petits trous noirs. Elle noircit, se craquelle et se creuse de sillons à la base des vieux troncs.

Saule marsault, marsault

Salix caprea

Feuilles alternes ovoïdes ou oblongues de 5 à 10 cm de long et de 3 à 6 cm de large, tronquées ou brièvement acuminées, à la base arrondie ; marge bordée de petites dents arrondies ou pointues ; face supérieure rugueuse, nervures incluses, revers aux nervures saillantes couvert d'une pruine grise et d'un duvet doux ; pétiole rouge foncé de 1 cm de long.

Rameaux gris et velus au départ, brun rougeâtre ou vert-jaune à maturité ; les rameaux de l'année précédente révèlent un bois lisse sous l'écorce. Bourgeons ovoïdes pointus de 0,4 cm.

Chatons apparaissant à la fin de l'hiver, avant la foliaison. Les chatons mâles sont argentés en bourgeons, puis jaunes lorsqu'ils ont atteint 3 cm de long et dispersent leur pollen. Chatons femelles vert pâle donnant des fruits de 3 à 7 cm en mai-juin.

ESPÈCE VOISINE
Saule gris, saule cendre *Salix cinerea*
Feuilles ovoïdes de 2 à 9 cm de long et de 1 à 3 cm de large, couvertes de poils rougeâtres au revers.

Rameaux plus fins que ceux du marsault, révélant un bois parcouru de sillons rectilignes lorsque l'on dénude ceux de l'année précédente.

Arbre à feuilles caduques

Le saule marsault est endémique dans toute l'Europe et jusqu'en Asie, à l'exception du sud de la péninsule Ibérique et de l'extrême nord du continent. Cet arbre généralement de petite taille a souvent plusieurs tiges. Il atteint parfois 20 m de hauteur dans les régions boisées. Les chatons mâles ébouriffés, argentés puis jaunes, sont nettement plus attrayants que ceux des arbres femelles, que ce soit au moment de l'éclosion ou lorsqu'ils dispersent leur pollen. Le fruit mûrit au début de l'été et libère de grandes quantités de petites graines enveloppées de poils soyeux et portées par la moindre brise. Cependant, leur durée de vie ne dépasse pas 2 jours et elles ne germent qu'en atterrissant sur un sol humide et nu, de sorte qu'elles ne survivent que lorsqu'il pleut un peu à cette période. Ce problème de germination mis à part, la plante peut se développer sur une grande variété de sols.

Le saule gris pousse souvent en compagnie du marsault auquel il ressemble beaucoup. Il s'en distingue néanmoins par ses feuilles plus étroites, pubescentes et rouille au revers, et par son bois creusé de sillons sur les rameaux de l'année précédente, alors que celui du marsault est lisse. Il faut toutefois dénuder les rameaux sur une certaine longueur pour que cette distinction apparaisse.

On trouve des marsaults dans des sites très divers, à condition qu'il y ait un sol nu et humide à proximité au moment de la dispersion des graines en juillet. Cet arbre très feuillu a un port en ombrelle.

Écorce
Lisse et gris pâle, puis creusée de fissures orange chez les vieux spécimens.

Saule noir, saule daphné, saule pruineux

Salix daphnoides

Feuilles alternes, oblongues à étroitement ovoï des, de 7 à 12 cm de long et de 2 à 3 cm de large. Apex aigu, base en coin. Marge ornée de dents glandulaires régulières. Vert foncé lustré dessus, couvertes au départ de poils soyeux, pruineuses au revers, réseau de nervures visible.

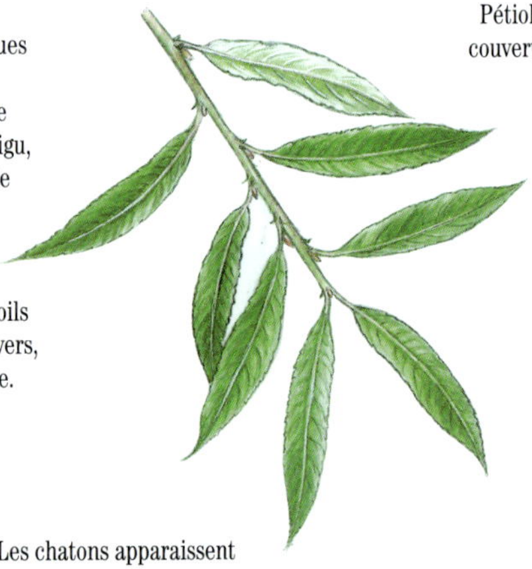

Pétiole de 2 cm de long, couvert de poils serrés et muni de petits appendices feuillus, les stipules, à la base.

Les chatons apparaissent à la fin de l'hiver, avant la foliaison. Chatons mâles couverts de poils soyeux et atteignant 4 cm de long.

Rameaux verts, couverts de poils soyeux au début, se couvrant d'une pruine dès le premier hiver. Bourgeons ovoï des rouge vif de 0,5 cm, appliqués contre le rameau.

Arbre à feuilles caduques

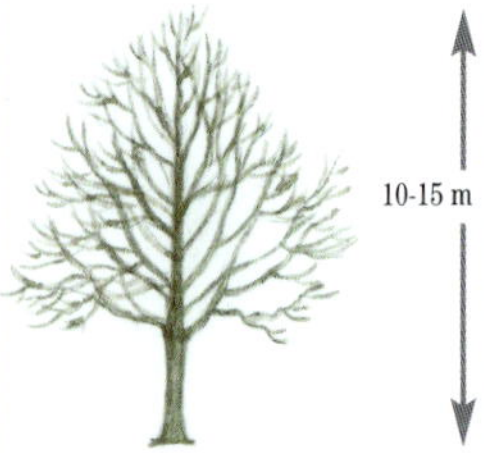

L'habitat naturel du saule noir couvre une bande qui s'étend de l'Italie et des Balkans *via* l'est de la France jusqu'au sud de la Scandinavie au nord et jusqu'à la Finlande et l'ouest de l'Ukraine à l'est. Il est abondamment cultivé en dehors de cette aire de distribution pour l'attrait de son feuillage et de ses chatons mâles, ainsi que pour l'effet décoratif de ses rameaux glaucescents en hiver. Avec le temps, les intempéries ont raison de cette pruine qui persiste toutefois souvent sous les bourgeons. Il est possible de renforcer cet effet en taillant l'arbre au printemps et en le laissant rejeter de la souche ou former de nouvelles pousses puissantes. Très pruineuses, ces dernières peuvent atteindre 2 m de long ou plus au cours de l'été.

Très proche, *S. acutifolia*, que l'on trouve de la Russie jusqu'en Asie centrale, est souvent considéré comme une sous-espèce. Bien que moins glauques, ses rameaux sont également pruineux. En outre, cet arbre est encore plus joli en été, avec ses feuilles plus fines et ses rameaux plus retombants que ceux du saule daphné. Les feuilles de *S. acutifolia* ont une quinzaine de paires de nervures, alors que celles du saule daphné en comptent 8 à 12.

Le saule noir pousse sur les berges des cours d'eau et sur les gravières crayeuses. Sa cime conique ou hérissée jeune s'arrondit avec l'âge.

Écorce
Lisse et grise, elle se fissure à la base des vieux spécimens.

Saule argenté, saule vivier, saule blanc

Salix alba

Feuilles alternes, lancéolées, de 5 à 10 cm de long et de 0,5 à 1,5 cm de large, longuement effilées vers l'apex et plus tronquées à la base ; marge finement dentée ; dessus gris-vert, couvert de poils soyeux au début ; revers couvert d'une pruine verte et de poils plus persistants. Pétiole de 0,5 à 1 cm portant plusieurs glandes noires à la base.

Chatons apparaissant en même temps que les feuilles, fin avril-début mai ; chatons mâles jaune pâle de 4 à 5 cm ; chatons femelles de 3 à 4 cm, atteignant maturité et dispersant leurs graines en juillet.

Rameaux gris-vert couverts de poils soyeux lorsqu'ils sont jeunes, devenant vert olive ou bruns en automne ; ceux de la variété *britzensis* virent au rouge vif après Noël. Bourgeons coniques de 0,5 cm de long, appliqués contre le rameau.

Arbre à feuilles caduques

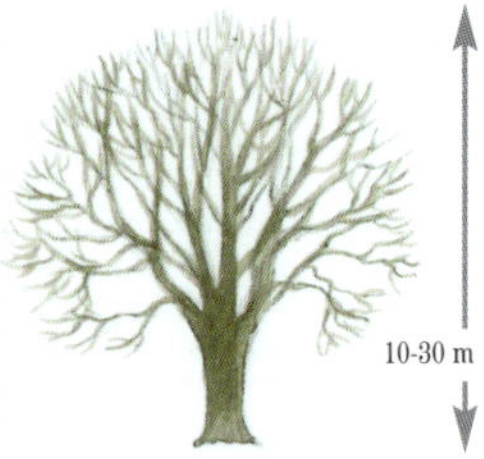

Cette espèce pousse pratiquement dans toute l'Europe, du sud de l'Angleterre à l'Asie centrale. Elle prospère sur les sites humides qui peuvent être inondés de temps en temps, ainsi que les berges de ruisseaux et de rivières où elle pousse en compagnie d'autres arbres qui aiment l'humidité. Si on peut également planter ce saule sur les terrains moins humides, il ne s'y reproduira toutefois pas naturellement. Son bois est tendre et léger, mais aussi flexible, de sorte qu'il résiste aux chocs. La variété de saule blanc la plus courante est *caerulea*, le « saule à battes de cricket », à la croissance très rapide. On le bouture souvent « en plançons », c'est-à-dire en plantant à 8 m les uns des autres de grands rameaux dépourvus de racines dans un terrain humide. Le tronc est maintenu nu à la base sur 4 à 5 m. On abat ces saules au bout de 15 ans et on débite leurs troncs en rondins de 0,7 cm de long que l'on refend ensuite pour obtenir les morceaux triangulaires dans lesquels sont façonnées les battes.

Citons deux autres variétés du saule vivier : '*britzensis*', dont les rameaux rouges égaient la campagne après Noël, et sont particulièrement lumineux sous le soleil de février ; on peut le faire rejeter de la souche ; et '*argentea*' auxquelles les feuilles couvertes de très nombreux poils soyeux donnent des reflets argentés.

Le saule argenté est un bel arbre à la cime bien fournie, fréquent sur les berges des cours d'eau. De port conique jeune, il s'arrondit avec l'âge, de sorte que la cime des vieux spécimens est parfois en coupole.

Écorce
Brun-gris, se fissurant avec l'âge.

Saule cassant, saule fragile

Salix fragilis

Feuilles alternes, lancéolées, de 9 à 15 cm de long et de 1,5 à 3 cm de large, s'effilant sur plus de la moitié en une longue pointe, à la base arrondie ou en coin, à la marge relevée de dents glandulaires et irrégulières. Dessus lustré, vert moyen à foncé, rapidement glabre ; revers pruineux blanc bleuâtre couvert de poils appliqués.

Rameaux vert-gris parsemés de poils au début, virant au brun olive à l'automne. Bourgeons coniques allongés de 0,3 à 1 cm, appliqués contre le rameau.

Chatons apparaissant avec les feuilles fin avril-début mai. Chatons mâles jaune pâle de 4 à 6 cm ; chatons femelles de 4 à 5 cm, atteignant maturité et dispersant leurs graines en juillet.

Arbre à feuilles caduques

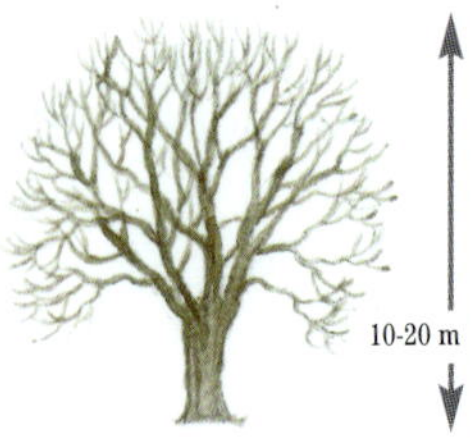

Ce saule est originaire de l'ouest et du centre de l'Europe, depuis la Norvège et la Grande-Bretagne jusqu'à l'Espagne et la Roumanie. Il est plus petit que le saule argenté (p. 140) dont il se distingue par ses feuilles bien moins velues et généralement plus grandes, brillantes dessus et acuminées sur plus de la moitié.

Le nom de saule cassant (comme le qualificatif latin de *fragilis*, fragile) fait référence à la façon dont les rameaux de l'année précédente cassent nettement à la moindre pression vers l'arrière. Les rameaux du saule argenté cassent aussi, mais moins facilement, et leur cassure est moins nette. Les branches de plus de 2 ans, de même que les rameaux de l'année avant maturité, sont loin d'être aussi fragiles. Les rameaux brisés prennent racine s'ils atterrissent sur un sol suffisamment humide, formant une forêt de rejetons. On cultive fréquemment les saules argentés et les saules cassants en têtards sur les berges des cours d'eau, en taillant leur tronc à 3 m de hauteur. On récolte ensuite les jeunes rameaux qui se forment à ce niveau-là (hors de portée des chevaux et des bovins) pour en faire du petit bois d'œuvre ou bien du fourrage d'hiver.

La couronne du saule cassant est arrondie (comme ici) si l'arbre a poussé dans la nature. Les jeunes arbres ont un port conique et hérissé, les plus vieux sont plus déguenillés, car les vents forts leur arrachent des branches.

Écorce
Grise, écailleuse au début, puis se creusant de profondes fissures irrégulières à maturité.

Saule pleureur

Salix sepulchralis 'Chrysocoma'

Feuilles alternes, étroites et lancéolées, de 7 à 13 cm de long et de 0,7 à 2 cm de large, longuement acuminées et en coin à la base ; marge finement dentée ; dessus vert mat à lustré, avec quelques poils soyeux, revers vert bleuâtre avec une nervure centrale saillante, velue et soyeuse. Pétiole atteignant 1 cm et ponctué de quelques glandes noires.

Rameaux retombants, verts et velus au début, puis vert doré vers le milieu de l'hiver. Bourgeons de 0,5 cm étroitement ovoïdes, appliqués contre le rameau.

Arbre à feuilles caduques

Ce saule pleureur est un hybride issu du croisement du saule argenté (p. 140) et de *S. babylonica*, le saule pleureur de Chine (voir ci-dessous). Le cultivar 'Chrysocoma', dont l'un des parents est un saule argenté à branches dorées, est le plus courant. Du fait de cette caractéristique et de son port vigoureusement pleureur, il a en effet supplanté toutes les autres formes de saule pleureur. Comme la plupart des saules, ses rameaux cassés s'enracinent très facilement, de sorte qu'on le multiplie commercialement en plantant en plançons des boutures matures prélevées à la fin de l'hiver. Par ailleurs, un rameau coupé au milieu de l'hiver et placé dans l'eau sur un rebord de fenêtre formera des racines blanches au bout d'une semaine environ, juste au-dessous de la surface de l'eau.

Bien qu'originaire de Chine, *S. babylonica* a été identifié au départ comme le saule biblique du psaume 137, 2e verset, d'où son nom. On pense aujourd'hui qu'il s'agissait là d'une erreur de traduction, car les arbres mentionnés dans ce psaume étaient en fait des peupliers. *S. babylonica* se reconnaît à ses rameaux verts ou vert bleuâtre et au long apex fin et vrillé de ses feuilles.

Sur les bords d'un lac ou d'une rivière, un saule pleureur est très gracieux avec ses branches qui retombent et se reflètent dans l'eau.

Écorce
Vert doré et lisse sur les jeunes arbres, elle brunit au bout de quelques années et se creuse de sillons irréguliers.

Saule laurier, saule odorant

Salix pentandra

Fleurs apparaissant en mai-juin sur de courts rameaux latéraux feuillus. Chatons mâles jaunes et cylindriques de 2 à 8 cm de long.

Feuilles alternes, ovoïdes à largement lancéolées, de 5 à 12 cm de long et de 2 à 5 cm de large ; pointe fine, base arrondie ou en coin ; marge bordée de fines dents glandulaires ; dessus vert foncé brillant, revers plus pâle, glabre. Pétiole de 1 cm portant plusieurs glandes près du limbe.

Rameaux vert olive luisant jeunes, bruns ou rouges à maturité à l'automne.

Fruits en capsules de 1 cm, mûrs en juillet.

Arbre à feuilles caduques

Ce saule des régions froides pousse dans toute l'Europe centrale et septentrionale, et à l'est jusqu'en Asie, avec quelques populations plus au sud, sur de hautes chaînes de montagne seulement. C'est un bel arbre, en raison notamment de son feuillage lustré qui rappelle celui du laurier sauce (p. 283) et de ses jolis chatons qui apparaissent sur des rameaux feuillus à la fin du printemps. Comme de coutume avec les saules, les chatons mâles sont plus gros et plus ostentatoires que les chatons femelles.

Les saules sont de proches parents des peupliers, et tous deux ont généralement des pieds mâles et femelles distincts. Toutefois, ils se distinguent sur deux points principaux. En premier lieu, les saules sont pollinisés par les abeilles et autres insectes, les peupliers par le vent. En second lieu, les rameaux de saule n'ont pas de bourgeon terminal. L'extrémité de la tige tombe lorsque cesse la poussée, le rameau de l'année suivante se formant à partir d'un bourgeon latéral. Chez les peupliers en revanche, les cellules de croissance qui se trouvent à l'extrémité du rameau forment un bourgeon qui donnera la pousse de l'année suivante.

Le saule laurier a une couronne arrondie ou en coupole. Les arbres femelles (comme celui de la photo ci-dessus) se donnent en spectacle en juillet avec leurs fruits plumeux.

Écorce
Grise ou brun grisâtre, se creusant de fissures orange peu profondes.

Chêne pédonculé

Quercus robur

Rameaux vert-gris lustré à maturité ; bourgeons ovoï des tronqués ; feuilles alternes le long des rameaux, mais regroupées en bouquets à l'extrémité ; rigides ou cartonnées, de 4 à 12 cm de long et de 2 à 6 cm de large, offrant un maximum de largeur dans les deux tiers supérieurs ; arrondies à l'apex, étroites vers la base auriculée ; marge divisée en 4 à 6 gros lobes arrondis bien espacés ; pétiole de 0,4 à 0,7 cm, atteignant rarement 1 cm de long.

Feuilles vert mat dessus, souvent couvertes de miellée ; revers pâle, couvert d'une pruine glauque, nervures saillantes.

Chatons mâles pendants de 2 à 4 cm, mêlés aux feuilles nouvelles au printemps. 1 à 4 glands portés par un long pédoncule de 2 à 10 cm, atteignant leur maturité dès le premier automne ; gland ovoï de à oblong de 1,5 à 4 cm, enchâssé dans la cupule jusqu'au quart.

ESPÈCE VOISINE

Chêne de Hongrie, *Quercus frainetto*

Feuilles plus grandes que celles du chêne pédonculé, atteignant 10 à 25 cm de long et 6 à 14 cm de large, à la base en coin ou légèrement auriculée, et comptant 9 paires de lobes environ, les plus gros situés à l'endroit où la feuille est la plus large.

Arbre à feuilles caduques

15-35 m

Ce chêne doit son nom vernaculaire au long pédoncule qui porte ses glands. Cet arbre bien connu est indigène dans toute l'Europe, à l'exception de l'extrême Nord, et on le trouve à l'est jusque dans le Caucase. En Grande-Bretagne, c'est dans les régions plus sèches du sud et de l'est qu'il est le plus courant, la plupart des chênes du nord et de l'ouest faisant partie de l'espèce apparentée des chênes rouvres.

Le chêne a un bois d'excellente qualité, dur, durable, et doté d'un joli grain. Son aspect résulte de la différence entre le bois de printemps, moins dense (parcouru de grosses veines pour l'acheminement de l'eau, nécessaire en cette période de croissance rapide), et le bois d'été, beaucoup plus dense (qui se forme lorsque la croissance a ralenti et que l'arbre peut produire un bois solide qui donne de la puissance à son tronc et à ses branches). Dans le chêne, les cellules radiales qui transportent les matériaux entre les différents anneaux de croissance sont plus grosses et plus proéminentes que dans la plupart des bois.

Le chêne de Hongrie est originaire du sud de l'Italie et des Balkans. Il se distingue du chêne pédonculé par ses grandes feuilles aux lobes profonds (voir ci-dessus).

Le chêne est bien sûr un arbre courant dans nos plaines et nos haies. On ne sait peut-être pas en revanche qu'il pousse très bien sur les sols lourds et argileux. Il tolère en fait des terrains très variés. S'ils ont de la place, les vieux chênes ont une large couronne arrondie, mais, dans les forêts, ils perdent rapidement leurs branches les plus basses.

Écorce
Lisse, gris-vert et brillante chez les jeunes arbres, elle se fissure avec l'âge et devient brun grisâtre et creusée de profonds sillons chez les vieux spécimens.

Chêne rouvre, chêne à glands sessiles

Quercus petraea

Feuilles ovoï des ou ovales de 8 à 14 cm de long et de 4,5 à 8 cm de large ; apex arrondi, base étroite et arrondie, non auriculée ; limbe découpé en lobes arrondis et espacés ; pétiole de 1,5 à 2 cm ; feuilles vert foncé mat ou légèrement lustré dessus, couvertes d'une pruine vert pâle ou glauque au revers, nervures saillantes.

Glands ovales, enchâssés jusqu'au tiers dans la cupule, groupés par 2 à 6, non pédonculés ou bien portés par un pédoncule très court ; maturité annuelle automnale.

Espèce voisine

Chêne pubescent, chêne blanc (en Provence)

Quercus pubescens

Feuilles ovoï des ou largement lancéolées de 5 à 9 cm de long et de 3,5 à 5 cm de large, sur des rameaux gris pubescents. Feuilles arrondies ou avec une encoche à l'apex, en coin à la base, comptant 4 à 8 paires de lobes arrondis séparés par de profonds sinus. Pétiole pubescent de 0,4 à 1,2 cm. Gland inclus jusqu'à mi-hauteur dans la cupule.

Arbre à feuilles caduques

L'aire de distribution du chêne rouvre couvre une vaste partie de l'Europe, depuis la Norvège, la Grande-Bretagne et le Portugal jusqu'à la Pologne, le sud-ouest de la Russie, la Crimée, et le nord de la Grèce. On ne le trouve pas dans le sud de l'Italie, où il est remplacé par une espèce très voisine. Son bois est semblable à celui du chêne pédonculé (p. 148), mais avec son tronc plus long et bien droit, le chêne rouvre fait généralement un meilleur arbre forestier. En Angleterre, il pousse essentiellement sur les terrains légers et humides, et il est moins fréquent que le chêne pédonculé sur les sols lourds et argileux. Le chêne rouvre se distingue de ce dernier par ses lobes plus réguliers, ses feuilles étroitement arrondies et longuement pétiolées et ses glands non pédonculés ou bien portés par un pédoncule très court. Sur le chêne pédonculé, en effet, les glands sont portés par un long pédoncule, et les feuilles plus irrégulièrement lobées et auriculées à la base ont un court pétiole. Il arrive que les deux espèces se croisent.

Le chêne pubescent, que l'on appelle aussi chêne blanc en Provence, pousse à l'état naturel en Europe méridionale, depuis l'ouest de la France et le nord de l'Espagne jusqu'à la Turquie et au Caucase. On le trouve généralement sur les terrains ensoleillés, limoneux ou calcaires.

Plantés serrés, les chênes rouvres font d'excellents arbres forestiers, mais dans la nature (comme ici) ils donnent de grands arbres au port étalé.

ÉCORCE
Brun grisâtre et lisse sur les jeunes arbres, elle se fissure finement et se crevasse avec l'âge.

Chêne vert, yeuse

Quercus ilex

Feuilles alternes sur les rameaux gris pubescents ; à maturité, elles sont ovales ou lancéolées, mesurent 4 à 8 cm de long et 2 à 3 cm de large, persistantes jusqu'au deuxième été, mais caduques à la poussée suivante ; acuminées, à la base en coin, marge entière mais souvent ondulée ; vert foncé brillant dessus, gris blanchâtre et pubescentes au revers.

Les feuilles des jeunes arbres et des rejets à la base du tronc sont larges et ovales, leur marge ondulée portant jusqu'à 5 paires de petites épines pointues.

Glands ovoïdes très pointus de 1,5 à 2 cm, enchâssés jusqu'au tiers dans la cupule, atteignant maturité dès le premier automne.

Arbre à feuilles persistantes

Les chatons mâles jaune d'or pendants de 4 à 7 cm, apparaissent avec les nouvelles feuilles au début de l'été.

Ce chêne est natif du Bassin méditerranéen et du sud de la mer Noire, mais absent toutefois du littoral israélien et égyptien. Il supporte très bien les endroits secs et très chauds et la proximité de la mer. L'espèce se naturalise par ailleurs dans le nord de l'Europe et devrait devenir de plus en plus courante du fait du réchauffement de la planète. On le plante pour son feuillage persistant, mais il est terne 11 mois sur 12. Les feuilles tombent au début de l'été, au grand dam des jardiniers soigneux. Il donne un bel ombrage, mais ses racines dessèchent le sol, ce qui empêche les autres plantes, y compris les bulbes printaniers, de pousser sous cet arbre. Il existe donc d'autres arbres à feuillage persistant nettement plus attrayants. Dense et difficile à travailler, le bois du chêne vert convient plutôt comme bois de chauffage ou pour obtenir du charbon de bois.

Le qualificatif latin « *ilex* » est la dénomination générique des différentes espèces de houx. Il fait référence au fait que, comme ceux-ci, le chêne vert a tendance à avoir des feuilles entières à maturité, mais des feuilles bordées de piquants sur les plants juvéniles et sur les pousses à la base des vieux troncs.

Sombre et terne pendant la majeure partie de l'année, le chêne vert semble renaî tre au début de l'été avec l'apparition de ses nouvelles feuilles et de ses chatons jaune d'or. Sa couronne arrondie descend fréquemment en ombrelle jusqu'à terre.

Écorce
Lisse sur les jeunes arbres, noire ou brun foncé, elle se craquelle avec l'âge en petites écailles fines et frisées.

Chêne chevelu

Quercus cerris

Feuilles alternes de 5 à 14 cm de long et de 3,5 à 6 cm de large, oblongues à ovoï des, mais irrégulièrement découpées en lobes souvent mucronés, séparés par de profonds sinus festonnés, arrondies à l'apex, arrondies ou tronquées à la base ; face supérieure vert profond, rugueuse, revers couvert de poils blanchâtres serrés, portant 6 à 10 paires de nervures saillantes. Pétiole de 1 à 2 cm.

Rameaux velus brun grisâtre, parsemés de bourgeons ovoï des pointus, entourés de stipules filiformes.

Glands à maturation estivale bisannuelle. Petits la première année, les glands, à l'aisselle des feuilles sur les rameaux les plus grêles, grossissent ensuite pour atteindre 1,5 à 2,2 cm à maturité. Cupule enserrant le gland sur le tiers de sa longueur et couverte de nombreuses écailles mousseuses réfléchies à la base et dressées au sommet.

Arbre à feuilles caduques

Le chêne chevelu est originaire d'Europe méridionale, du sud-est de la France à la Turquie, la République tchèque et la Roumanie. Jeune, il donne rapidement une couronne étroite conique ou colonnaire. Lorsqu'il dépasse la cime des autres arbres et bénéficie de ce fait d'un bon ensoleillement de toutes parts, son port s'étale, couvrant jusqu'à un dixième d'hectare. En Grande-Bretagne, sa croissance est plus rapide que celle du chêne pédonculé (p. 148) et du chêne rouvre (p. 150), mais son bois est de mauvaise qualité, dépourvu des veines radiales qui donnent à celui des deux autres espèces leur dureté et leur durabilité. Son écorce riche en tannins peut servir à tanner les peaux (les tannins assouplissent le cuir et l'empêchent de pourrir). L'hiver, lorsqu'il n'a plus de feuilles, on reconnaî t cet arbre aux stipules filiformes qui entourent ses bourgeons, une caractéristique propre au chêne chevelu (on retrouve ces stipules filiformes chez certains chênes du sud-est de l'Europe, mais autour du bouquet de bourgeons terminal seulement). Le chêne chevelu prospère sur tous types de sols. Contrairement aux chênes pédonculé et rouvre, il se prête mal à la taille en têtard (qui donne de très vieux arbres avec de gros troncs et de petites couronnes) et vit rarement plus de 200 ans.

Le chêne chevelu est un bel arbre au port étalé, courant surtout dans les parcs et les jardins. Il arrive que les jeunes arbres gardent leur feuillage d'automne brun pendant tout l'hiver.

ÉCORCE
Grise à gris argent, elle se fissure rapidement, se creusant de durs sillons liégeux.

Chêne-liège

Quercus suber

Feuilles alternes sur les rameaux pubescents brun grisâtre. Bourgeons dépourvus de stipules filiformes.
Feuilles ovoï des à oblongues de 2,5 à 7 cm de long et de 1,5 à 4 cm de large. Apex arrondi à aigu, base arrondie, marge recourbée vers le bas et bordée de petites dents épineuses, persistantes jusqu'à la deuxième année ; face supérieure vert foncé brillant, avec une nervure médiane ondulée qui suit les nervures latérales alternes ; revers tomenteux blanc grisâtre ; pétiole de 0,7 à 1,5 cm.

Glands ovales de 1,5 à 3 cm, à maturation automnale annuelle, enchâssés jusqu'à mi-hauteur dans une cupule couverte de longues écailles étalées.

ESPÈCE VOISINE
Faux chêne-liège d'Espagne
Quercus x *hispanica*
Feuilles de 10 à 12 cm de long et de 3 à 4 cm de large, en coin à la base et bordées de grosses dents triangulaires ; glands à maturation automnale bisannuelle ; seuls les bourgeons terminaux sont entourés de stipules filiformes.

Arbre à feuilles persistantes

Cette espèce indigène depuis l'ouest du Bassin méditerranéen jusqu'à la Croatie à l'est, ainsi qu'au Maroc est également un arbre forestier important en Espagne et au Portugal où l'on récolte son liège. Les jeunes arbres ne sont exploitables qu'à partir de 20 à 25 ans, mais le premier prélèvement ne donne pas le meilleur liège. Les récoltes suivantes se font sur des cycles de 7 à 10 ans. Il faut veiller à ne pas détériorer l'endoderme, car cela mettrait l'arbre en péril. Le liège est utilisé pour la confection de bouchons de bouteilles ainsi que pour la décoration et l'isolation. La récolte du liège assure la survie de l'arbre, mais aussi celle de tout l'écosystème qui en dépend, un équilibre menacé par les producteurs de vin qui optent pour des bouchons en plastique.

Q. x *hispanica* également appelé *Q. lucombeana,* est un hybride issu du chêne-liège et du chêne chevelu qui pousse à l'état naturel dans les zones de recoupement de ces deux espèces, dans le sud-est de la France et en Italie, mais aussi dans les régions où on les plante toutes les deux. De forme variable, certains ont une écorce liégeuse, mais la plupart ont une écorce dure. Leurs feuilles généralement semi-persistantes tombent au cours des périodes de grand froid après Noël.

De port arrondi, le chêne-liège est souvent plus large que haut s'il pousse dans un lieu ouvert.

Écorce
La partie supérieure brun grisâtre et liégeuse se creuse de profonds sillons, la couche inférieure est brun-rouge ou rose.

Chêne rouge d'Amérique

Quercus rubra

Feuilles de 7 à 20 cm de long et de 5 à 14 cm de large, ovales mais découpées en 3 à 5 paires de gros lobes dentés séparés par des sinus arrondis.

Glands à maturité estivale bisannuelle ; le premier été, petits glands à l'aisselle des feuilles.

Apex et dents marginales terminés par un fin mucron de 0,2 à 0,4 cm, base en coin ; face supérieure vert profond brillant marquée de nervures saillantes, revers vert clair avec des nervures blanchâtres saillantes et des touffes de poils bruns à l'aisselle des nervures ; pétiole de 1 à 4 cm de long.

Glands ovoïdes de 1,5 à 2,8 cm, enchâssés sur moins d'un tiers de leur longueur dans une cupule peu profonde.

Rameaux brun grisâtre brillant, côtelés, parsemés de bourgeons coniques ou arrondis.

Chatons mâles jaunes, pendants, poussant avec les nouvelles feuilles.

Arbre à feuilles caduques

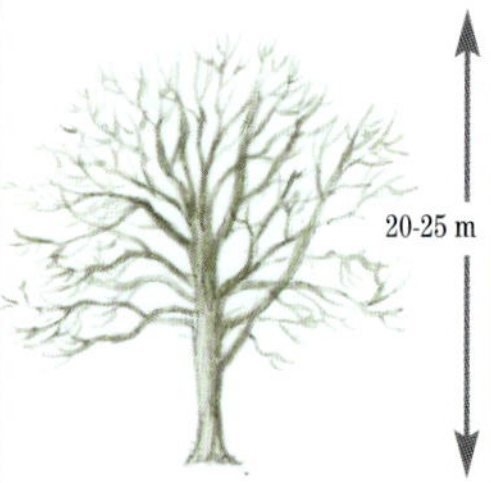

Le chêne rouge est originaire d'une vaste partie de l'est de l'Amérique du Nord, de la rive sud du Saint-Laurent jusqu'au Minnesota à l'ouest, à l'Oklahoma et à la Géorgie au sud. Ce bel arbre d'ornement est le chêne américain le plus couramment cultivé en Europe. De croissance plus rapide que le chêne pédonculé (p. 148), tolérant bien les sols acides et doté d'un bois utile, il fait également l'objet d'une certaine exploitation forestière. Il ne prospère pas en revanche sur les sols calcaires peu profonds. Ses branches principales rayonnent à l'horizontale à partir du tronc. Si son feuillage s'embrase souvent d'un beau rouge flamboyant à l'automne, ce qui explique ses noms tant latin que vernaculaire, certains spécimens n'arborent cependant qu'un brun terne. Si vous en achetez un dans une pépinière, choisissez-le donc à l'automne pour être sûr de ne pas vous tromper. Au printemps, les feuilles nouvelles restent jaunes pendant plusieurs jours.

Le chêne rouge appartient à la section américaine du genre *Quercus*, caractérisée par les mucrons qui terminent les dents ou les lobes latéraux des feuilles, constitués par une extension des nervures au-delà du limbe.

Le chêne rouge est un grand arbre aux branches puissantes et étalées. Sa couronne plus ouverte que celle des autres chênes laisse néanmoins filtrer la lumière du soleil.

Écorce
Gris argenté ou gris foncé et lisse chez les jeunes arbres, se craquelant en écailles sur les vieux spécimens et laissant apparaî tre alors la couche inférieure rouge au fond des fissures.

Chêne écarlate, chêne kermès

Quercus coccinea

Feuilles ovales de 7 à 20 cm de long et de 5 à 20 cm de large, présentant généralement un maximum de largeur au niveau de l'apex pointu, en coin à la base ; découpées en 3 à 4 paires de gros lobes parallèles mucronés, séparés par des sinus profonds et arrondis ; face supérieure lisse, vert profond brillant ; revers vert pâle lustré, marqué de nervures blanchâtres saillantes et parsemé de quelques poils ; pétiole de 2 à 5 cm.

Rameaux vert brillant parsemés de bourgeons ovoïdes pointus.

Chatons mâles pendants de 6 à 8 cm apparaissant avec les feuilles nouvelles au printemps. Fleurs femelles à l'aisselle des feuilles sur les rameaux courts.

Glands ovoïdes de 1,2 à 2,5 cm, enchâssés jusqu'au tiers dans une cupule ouverte ; maturation automnale bisannuelle.

Espèce voisine

Chêne des marais *Quercus palustris*

Feuilles plus petites que celles du chêne écarlate, atteignant leur largeur maximale au niveau de la paire de lobes médiane. Nervures velues sur la face supérieure, touffes de poils fauves essentiellement axillaires au revers.

Arbre à feuilles caduques

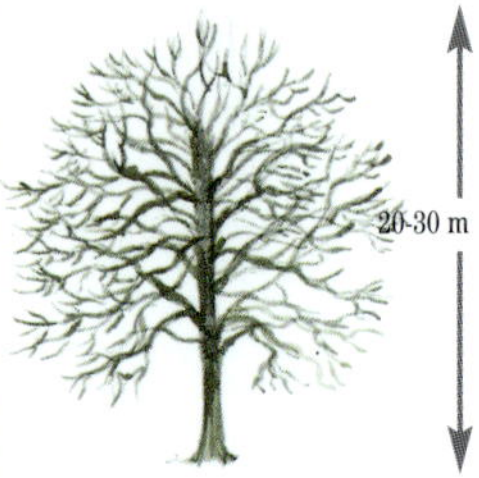

L'aire de distribution naturelle du chêne écarlate couvre l'est de l'Amérique du Nord, du Maine à la Géorgie au sud, au Mississippi et à l'Alabama à l'ouest, où il forme des forêts sur des sols pauvres. C'est le deuxième chêne américain le plus cultivé en Europe après le chêne rouge (p. 158). Comme chez ce dernier, les nervures des feuilles se prolongent au-delà du limbe, formant un fin mucron. On distingue toutefois le chêne écarlate du chêne rouge par les sinus profonds et réguliers qui séparent les lobes de ses feuilles et par ses feuilles plus brillantes et presque glabres. En outre, le chêne écarlate n'a pas les grosses branches radiales du chêne rouge, mais un port plus dressé, avec davantage de rameaux dans la couronne. Ses noms vernaculaire et latin font tous deux référence à son feuillage écarlate à l'automne.

Le chêne des marais *(Quercus palustris)* est lui aussi originaire de l'est de l'Amérique du Nord, du Vermont au sud de l'Ontario et de l'Iowa à l'est, et à l'Oklahoma et à la Caroline du Sud au sud, où il pousse, comme son nom l'indique (*pin* signifie marécageux en latin), dans les marécages. Son gland presque hémisphérique est enchâssé jusqu'au quart, voire au tiers, dans une cupule aplatie. Les branches inférieures de la couronne sont retombantes.

D'un beau rouge lumineux en automne, le chêne écarlate est un bel arbre à la couronne élevée en coupole. Il n'a pas les lourdes branches radiales du chêne rouge (p. 158), mais un port plus dressé, avec une cime plus touffue.

ÉCORCE
Gris argenté à gris foncé, verruqueuse, se fissurant avec l'âge en fines fissures écailleuses qui révèlent l'endoderme rouge.

Châtaignier

Castanea sativa

Feuilles alternes, oblongues lancéolées, de 15 à 20 cm de long et de 7 à 10 cm de large ; veines latérales se prolongeant au-delà du limbe en mucrons réguliers ; face supérieure vert profond, revers plus pâle et pubescent ; pétiole de 2,5 à 3,5 cm. Fleurs mâles formant, au milieu de l'été, des chatons jaune blanchâtre atteignant 12 cm de longueur à l'extrémité des rameaux de l'année ; fleurs femelles à la base des chatons.

Rameaux brun grisâtre, trapus et cassants, côtelés, parsemés de bourgeons ovoï des brun-rouge ou verdâtres.

Fruits à maturation automnale annuelle, atteignant 8 cm de diamètre, entourés d'une cupule couverte de piquants, dont l'ouverture laisse apercevoir 1 à 3 châtaignes brunes très goûteuses.

Arbre à feuilles caduques

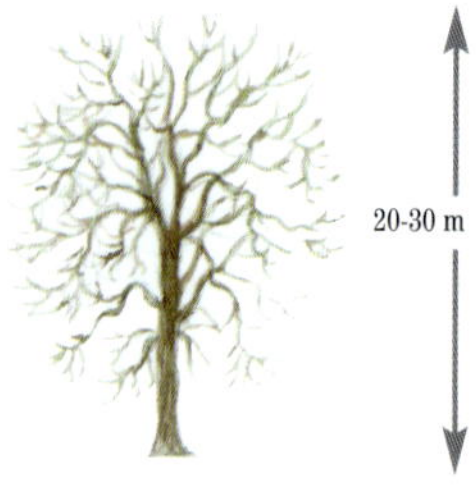

Le châtaignier est indigène dans toute l'Europe méridionale, de l'Espagne à la Turquie et au Caucase, mais aussi en Tunisie. C'est l'un des arbres qui profitera probablement du réchauffement de la planète pour s'implanter dans les régions plus septentrionales, en Grande-Bretagne notamment. C'est en effet sur les sites chauds et secs l'été qu'il est le plus heureux. S'il prospère sur les sols acides, sablonneux et graveleux, il est en revanche mal adapté aux terrains calcaires. Par ailleurs, il ne supporte pas que ses racines baignent dans une terre détrempée, car il risque alors d'être endommagé, voire ravagé par l'encre *(Phytophtora)*, une petite levure. Il est également menacé par le chancre de l'écorce *(Endothia)*, un champignon originaire de l'est de l'Asie, mais introduit en Europe, qui a pratiquement exterminé l'espèce américaine de châtaignier, très voisine, qui constituait autrefois de vastes forêts.

Son bois ressemble à celui du chêne pédonculé, mais sans les grosses veines radiales qui donnent du caractère à ce dernier. Le châtaignier repousse sans problème après avoir été abattu, et les tiges ainsi formées sont récoltées tous les 10 à 15 ans pour confectionner des poteaux mais aussi des pieux, qui sont parfois refendus pour former des barrières. Le principal intérêt de l'arbre réside toutefois dans ses fruits, délicieux grillés, avec lesquels on prépare aussi d'excellentes farces.

Avec leur haute cime en coupole, les vieux châtaigniers font de beaux arbres, bien qu'ils aient parfois quelques rejetons à leurs pieds. Les jeunes spécimens ont un port plus colonnaire, avec des branches plutôt torses.

Écorce
Lisse et d'un gris brillant au début, elle se creuse ensuite de fissures qui remontent en spirale le long du tronc.

Hêtre, fayard, fouteau

Fagus sylvatica

Feuilles alternes, ovales à ovoïdes, de 6 à 10 cm de long et de 4 à 7 cm de large, acuminées et bordées de petites dents arrondies à l'extrémité des 5 à 8 paires de nervures latérales ; face supérieure vert moyen à foncé, revers vert pâle lustré marqué de nervures saillantes ; pétiole de 1 cm, couvert au départ comme les feuilles de longs poils blancs.

Fins rameaux bifurquant entre les bourgeons très pointus de 1 à 2 cm de long.

Fleurs mâles jaunes groupées en chatons globuleux pendants apparaissant avec la foliaison au printemps.

Fruits à maturation annuelle automnale ; cupule ligneuse de 2 cm s'ouvrant sur 4 sutures pour libérer 2 noix triangulaires de 1 à 2 cm chacune.

Arbre à feuilles caduques

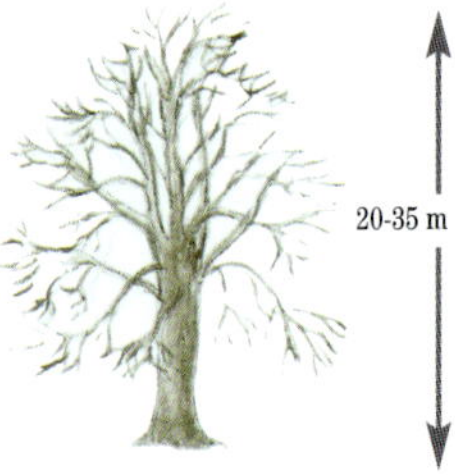

20-35 m

Le hêtre est indigène dans l'ouest et le sud de l'Europe, depuis les Balkans et l'Ukraine jusqu'aux Pyrénées, au sud-est de l'Angleterre et au sud de la Suède. Comme le châtaignier (p. 162), il n'aime pas les sols détrempés ou argileux et préfère les terrains acides ou alcalins bien drainés. Toutefois, ses racines peu profondes ont besoin de fraîcheur et d'humidité. Dans la majeure partie de l'Europe, il pousse en compagnie du sapin argenté (*Abies alba*, p. 70). Son bois est d'excellente qualité, facile à travailler, utilisé pour confectionner meubles et chevilles. Avec son bel ombrage, le hêtre forme des bois ouverts et clairsemés, parfaits pour la promenade mais pas pour la faune. Son feuillage juvénile est d'un ravissant vert clair au printemps, puis d'un roux magnifique en automne. L'un des problèmes de cette espèce réside toutefois dans sa propension à produire un excès de xanthocyanine pourpre, qui masque la chlorophylle qui donne à la plupart des arbres leur belle couleur verte. Attention donc à ne pas planter ces arbres ternes en quantités trop importantes, que ne justifie pas leur beauté éphémère pendant quelques semaines au printemps. C'est en effet cher payé compte tenu de leur aspect délavé le reste de l'été.

Le hêtre est un bel arbre d'ornement qui forme par ailleurs de vastes forêts. Si sa cime arrondie est très touffue chez les arbres sains, les rameaux sont groupés et les branches les plus petites espacées chez les spécimens en moins bonne santé. La photo ci-dessus illustre un hêtre en parure automnale.

Écorce
Lisse et gris argent pendant toute la vie de la plupart des hêtres, bien que chez certains elle devienne parfois écailleuse à la base du tronc.

Orme blanc, orme de montagne

Ulmus glabra

Feuilles ovales à oblongues de 8 à 18 cm de long et de 4 à 10 cm de large ; apex mince et pointu, souvent largement échancré ou lobé (3 grands lobes triangulaires ou plus) ; marge doublement serretée ; base très oblique et nettement asymétrique ; face supérieure très rugueuse avec 14 à 20 paires de nervures imprimées, revers pubescent aux nervures saillantes ; pétiole de moins de 0,6 cm.

Fleurs rouge-pourpre apparaissant avant la foliaison à la fin de l'hiver.

Rameaux bruns et épais, souvent angulaires, parsemés de bourgeons chocolat pointus de 0,6 à 0,8 cm de long.

Fruits parvenant à maturité au milieu de l'été ; disques aplatis vert pâle de 2,5 cm de diamètre, portant une graine centrale, échancrés au sommet et groupés en amas denses ; ils brunissent en mûrissant.

Arbre à feuilles caduques

Natif de presque toute l'Europe, à l'exception du grand Nord et de l'essentiel de l'Espagne et du Portugal, l'orme blanc pousse également dans certaines régions de Turquie. Sur la majeure partie de son aire de répartition, hormis le nord de la Grande-Bretagne et la Scandinavie, ses feuilles sont découpées en lobes ou grosses dents à la base.

C'est le seul orme réellement indigène en Grande-Bretagne et le seul qui se reproduise entièrement à partir de ses graines, contrairement à l'orme à feuilles de charme et à l'orme champêtre (p. 170), qui se multiplient par drageons. De qualité correcte, le bois de l'orme blanc était utilisé autrefois pour fabriquer meubles et cercueils, mais le dépérissement de l'orme (encore appelé graphiose) l'a rendu très rare. Ce bois servait aussi jadis à confectionner des conduites d'eau. Il se conserve en effet indéfiniment moyennant un certain degré d'humidité, de sorte que des conduites d'eau datant de l'Empire romain sont encore en bon état.

Le qualificatif latin de *glabra* signifie « glabre », « lisse ». Si les feuilles de l'orme blanc sont rugueuses au toucher et pubescentes au revers, son écorce en revanche est lisse et le demeure, au moins pendant quelques années.

La couronne en parasol de l'orme blanc est égayée à la fin de l'hiver par les fleurs mâles violettes, et en automne par son beau feuillage doré.

Écorce
Lisse et gris argent pendant un certain nombre d'années, puis brun grisâtre et fissurée, avec des sillons entrecroisés.

Orme de Hollande

Ulmus x *hollandica*

Feuilles alternes de 10 à 15 cm de long et de 5 à 8 cm de large, ovales ou ovoï des; brusquement acuminées; base asymétrique, arrondie ou cordiforme d'un côté, en coin de l'autre; marge doublement dentée; face supérieure lisse et d'un vert brillant, revers pâle marqué de nervures saillantes pubescentes; bref pétiole velu de 1 à 2 cm.

Rameaux courts, couverts au début de longs poils blancs puis glabres à l'automne, parsemés de bourgeons ovoï des brun-rouge brillant atteignant 1 cm de long.

Fruit de 2 cm mûrissant à la fin du printemps, entouré d'une aile échancrée.

Arbre à feuilles caduques

Cet arbre est un hybride issu du croisement de l'orme blanc (p. 166) et de l'orme champêtre (p. 170). Dans la nature, ces deux espèces occupent des habitats différents et se croisent probablement rarement. Toutefois, les deux ormes parents ont été plantés dans les parcs et aussi dans les campagnes de leurs régions d'origine pendant plusieurs siècles. L'hybride a une croissance plus rapide que chacun de ses parents et donne rapidement de grands arbres. Il est particulièrement courant dans le sud-est de l'Angleterre, en Belgique et aux Pays-Bas. *U.* x *hollandica* 'Vegeta' (photo p. ci-contre) est une forme très intéressante apparue au milieu du XVIIIe siècle. Comme les autres ormes, l'orme de Hollande a été fortement touché par la graphiose, une maladie provoquée par un champignon qui bloque la circulation de l'eau dans les vaisseaux de l'arbre et cause la mort des parties concernées. Cette maladie évolutive est susceptible d'anéantir rapidement un orme dans sa totalité. Elle est propagée par un insecte qui se multiplie dans l'écorce des arbres ou branches récemment exterminés. Lorsque le scarabée sort de sa chrysalide au printemps, il s'envole et va se nourrir sur les arbres sains, introduisant ce faisant le champignon. Ce sont des chercheurs néerlandais qui ont découvert la maladie dans les années 1920 et 1930.

Il existe plusieurs formes d'*Ulmus* x *hollandica*, l'une des plus élégantes étant 'Vegeta', représentée ci-dessus par un spécimen de Harrogate, dans le Yorkshire en Grande-Bretagne.

ÉCORCE
Brun grisâtre, lisse chez les jeunes arbres, mais se fissurant ou se craquelant en petites plaques écailleuses chez les vieux ormes.

Orme à feuilles de charme

Ulmus minor

Fleurs rouge-pourpre apparaissant au début du printemps. Fruit de 1,2 à 1,5 cm, atteignant la maturité au début de l'été.

Rameaux brun lustré et pubescents au début, portant de petits bourgeons rouge brillant de 0,2 à 0,4 cm.

Feuilles alternes ovales à ovoïdes de 4 à 12 cm de long et de 2,5 à 5 cm de large, à l'apex en pointe fine, à la base asymétrique, arrondie d'un côté et en coin de l'autre ; marge doublement dentée ; face supérieure lisse et vert lustré, revers pâle avec 10 à 13 paires de nervures saillantes pubescentes. Pétiole velu de 0,5 cm.

Espèce voisine

Orme champêtre, orme d'Angleterre *Ulmus procera*

Feuilles ovoïdes arrondies, parfois ovales, de 4 à 10 cm de long et de 3,5 à 7 cm de large ; à la marge doublement serretée ; rugueuses dessus.

Rameaux plus fins que ceux de l'orme à feuilles de charme et restant velus, développant souvent des ailes liégeuses.

Arbre à feuilles caduques

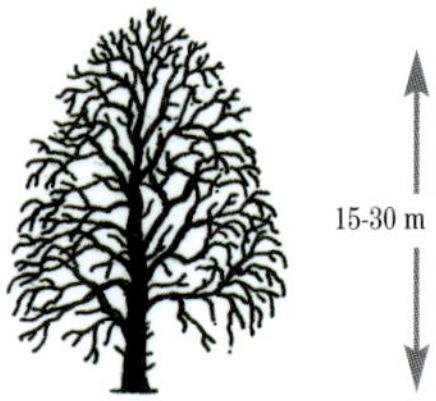

L'orme à feuilles de charme est indigène en Europe de la Grande-Bretagne jusqu'à l'Asie occidentale. Il pousse également en Afrique du Nord. Il en existe différentes formes sur cette aire de distribution, qui firent probablement office de marques tribales lors des migrations de nos lointains ancêtres. Bien que l'orme ait un bois de qualité, il n'était exploité autrefois que pour fournir du fourrage aux bovins. On abattait les arbres et on donnait le feuillage en pâture aux animaux en période de sécheresse, lorsque l'herbe était rare, à moins qu'on ne le garde séché pour l'hiver.

Probablement un hybride de l'orme à feuilles de charme à l'origine, l'orme champêtre est courant en Angleterre seulement (d'où son autre nom). On le reconnaît essentiellement à la face supérieure rugueuse de ses feuilles. Il ne produit pas de graines viables, mais se reproduit entièrement en drageonnant (à la différence de l'orme à feuilles de charme, qui se multiplie des deux façons, et de l'orme blanc, qui se multiplie par germination uniquement). C'est un bel arbre à la couronne en coupole qui donne rapidement une grande quantité de bois. Abondamment planté en Grande-Bretagne au XVIIe siècle, à l'époque des enclosures, il s'est ensuite multiplié, avant d'être récemment décimé par la graphiose de l'orme.

L'orme à feuilles de charme est un bel arbre au feuillage brillant. Ses nombreuses petites feuilles donnent un aspect très touffu à sa haute couronne conique ou en parasol.

Écorce
Gris argent et lisse, puis creusée de profonds sillons.

Orme lisse, orme pédonculé

Ulmus laevis

Rameaux brun-rouge foncé, duveteux jeunes. Bourgeons brun orangé, ronds à ovales. Feuilles brièvement acuminées, base asymétrique, avec 2 à 3 nervures supplémentaires du côté extérieur ; marge doublement dentée et incurvée ; face supérieure lisse et vert brillant, revers pâle avec 12 à 19 paires de nervures saillantes, grises et velues ; pétiole velu de 0,3 à 0,6 cm.

Fleurs blanches longuement pédonculées apparaissant en bouquets au début du printemps.

ESPÈCE VOISINE
Ulmus campestris
Fruit semblable à celui des autres ormes, mais mesurant 1 à 1,2 cm seulement, longuement pédonculé et à la marge ciliée.

Arbre à feuilles caduques

Cet orme est originaire d'une vaste aire allant des Pyrénées, du nord-est de la France et de la Belgique jusqu'au sud de la Finlande au nord, aux Balkans, au sud de la Russie, à la Turquie et au Caucase à l'est. C'est l'une des espèces européennes inconnues en Grande-Bretagne avant l'effondrement du pas de Calais et la formation de la Manche. Cet orme présente par ailleurs une certaine résistance à la graphiose, mais, bien que planté ici et là, il demeure rare en Grande-Bretagne.

L'orme lisse doit son nom tant latin que vernaculaire (*laevis* = lisse, glabre) à l'aspect de ses feuilles, et non à celui de son écorce. Ses fleurs pâles longuement pédicellées lui valent aussi l'appellation d'orme blanc.

Cet orme ne drageonne pas facilement, mais se reproduit *via* ses graines qui, comme pour ses congénères, tombent sur le sol au début de l'été. Si les conditions sont favorables, elles germent rapidement. Dans le cas contraire, elles meurent. Le bois de cet arbre est dur comme celui des autres ormes, mais son grain est généralement moins intéressant.

L'orme lisse affectionne les berges des cours d'eau en plaine. Ses branches arquées caractéristiques de sa silhouette hivernale portent en été un feuillage dense qui lui donne une couronne touffue.

Écorce
Brun grisâtre et lisse sur les jeunes spécimens, se creusant de sillons larges et profonds avec l'âge.

Zelkova du Japon

Zelkova serrata

Fins rameaux couverts de poils soyeux jeunes, puis prenant à maturité une teinte brun grisâtre et portant de petits bourgeons ovoï des de 0,1 cm.

Petite drupe verte globuleuse à cordiforme de 0,4 à 0,5 cm à l'aisselle des feuilles.

Feuilles alternes, ovoï des à lancéolées, acuminées, de 3 à 12 cm de long et de 1,5 à 4 cm de large ; base arrondie bordée de 6 à 13 grosses dents triangulaires ; limbe pubescent sur les deux faces, vert foncé dessus, plus clair au revers ; pétiole de 0,7 cm environ.

ESPÈCE VOISINE

Faux orme du Caucase *Zelkova carpinifolia*

Feuilles oblongues de 3 à 9 cm de long et de 1,5 à 4 cm de large, généralement arrondies à l'apex et à la base, qui elle est asymétrique (voir illustration).

Marge bordée de dents arrondies et brièvement acuminées.

Nervures latérales fourchues, l'une des branches se prolongeant jusqu'à la marge et l'autre jusqu'aux sinus interdentaires seulement.

Fruit ovoï de et côtelé de 0,5 à 0,6 cm.

Arbre à feuilles caduques

Cet arbre est originaire du sud du Japon, de Taï wan, ainsi que de Corée et du nord-est de la Chine en Asie continentale. Si l'espèce comprend parfois de grands spécimens, on voit surtout des spécimens plantés récemment plus larges que hauts, à la cime assez aplatie. En Europe, c'est uniquement un arbre d'ornement.

Z. carpinifolia est pour sa part indigène de l'est de la Turquie à l'Arménie et à la Géorgie, et au nord de l'Iran sur la rive sud de la Caspienne. C'est un arbre au port dressé, avec de nombreuses branches ascendantes disposées comme les tuyaux d'un orgue. Autrefois beaucoup plus fréquent que *Z. serrata*, il est aussi nettement plus grand. La plupart des vieux spécimens ont cependant été décimés dans les années 1970 au plus fort de l'épidémie de graphiose de l'orme. L'espèce n'est pourtant pas très sensible à cette maladie, mais, à cette époque, les scarabées propageant le champignon étaient si nombreux et les ormes survivants si rares que la faim eut raison de leur réticence envers le *Zelkova*.

Son nom latin fait référence à ses feuilles, analogues à celles du charme. On peut d'ailleurs distinguer aisément les deux espèces de Zelkova aux dents de leurs feuilles : triangulaires chez *Z. serrata*, arrondies chez *Z. carpinifolia*.

Zelkova serrata est un petit arbre au port étalé, vert et feuillu en été, arborant une belle parure jaune, orange et rose en automne.

Écorce
Lisse et grise, ponctuée de lenticelles (pores légèrement saillants) roses, orange ou bruns.

Micocoulier

Celtis australis

Fins rameaux légèrement angulaires au niveau des bourgeons coniques aplatis de 0,5 cm.

Fruit globuleux de 0,9 à 1,2 cm consistant en un noyau à l'enveloppe charnue, porté par un pédoncule de 2 à 2,5 cm ; vert au départ, il devient ensuite rouge brunâtre et enfin noir à maturité.

Feuilles alternes ovales à lancéolées de 10 à 15 cm de long et de 2 à 6 cm de large, longuement acuminées ; arrondies et obliques à la base, bordées de dents triangulaires régulières terminées par un bref mucron ; face supérieure vert profond brillant, rugueuse du fait de la présence de poils raides ; revers vert clair à blanchâtre, avec 3 paires de nervures saillantes couvertes de poils blancs ; pétiole de 1 à 2 cm.

Arbre à feuilles caduques

10-25 m

L'aire de distribution de cet arbre couvre la partie méridionale de l'Europe, du Portugal et de l'Espagne aux Balkans et à la Turquie en passant par le sud de la France et l'Italie. En Asie, elle s'étend jusqu'au Caucase et en Crimée. On le trouve aussi en Afrique du Nord, du Maroc à la Tunisie. Comme l'indique cet habitat, cet arbre affectionne les étés chauds et secs et les hivers frais et humides. En Grande-Bretagne, il n'est pas sûr qu'il résistera aux gelées, sans doute parce que les étés n'y sont pas suffisamment chauds pour que le bois atteigne un certain degré de maturité. Partout ailleurs en Europe, on plante le micocoulier pour son bel ombrage. Son fruit comestible est une drupe, comme la cerise (un noyau dur, dont on peut tirer une huile, entouré d'une enveloppe charnue). Blanc grisâtre, dur et élastique, le bois du micocoulier, utilisé pour la confection de pièces pour les roues de charrettes et les outils agricoles, peut aussi être tourné. Le long mucron recourbé des feuilles est une caractéristique associée habituellement aux arbres tropicaux, auxquels il permet de laisser s'écouler l'eau des feuilles lors des fortes pluies. Cette particularité est rare sur les arbres des régions tempérées. Il est vrai que la plupart des espèces de *Celtis* sont originaires de zones tropicales ou de régions tempérées chaudes.

La couronne en coupole d'un micocoulier adulte apporte une ombre agréable dans les régions aux étés chauds. Cet arbre n'arbore en revanche pas de belles couleurs à l'automne.

Écorce
Lisse et grise, ridée sur les vieux arbres, parfois sillonnée à la base.

Mûrier noir

Morus nigra

Feuilles alternes, largement ovoïdes, de 8 à 12 cm de long et de 6 à 8 cm de large, brièvement acuminées et cordiformes à la base ; marge dentée présentant parfois une paire de lobes latéraux ; face supérieure vert terne et rugueuse du fait de la présence de petits poils raides, revers couvert de poils plus serrés et plus doux ; pétiole velu de 1,5 à 2,5 cm.

Fleurs apparaissant à la fin du printemps, avec la foliaison. Fruit de 2 à 2,5 cm ressemblant à une framboise, comportant de nombreuses graines entourées d'une goûteuse enveloppe charnue, passant du vert au noir violacé en mûrissant.

Rameaux épais, constamment velus, bruns ou gris-pourpre, parsemés de bourgeons pointus brun-rouge-pourpre brillant.

ESPÈCE VOISINE
Mûrier blanc
Morus alba
Fruit insipide de 1,2 à 2,5 cm de long, vert jeune, blanc ou rose à maturité.

Feuilles plus grosses (7 à 20 cm de long et 5 à 12 cm de large) et à texture beaucoup plus fine que celles du mûrier noir, à la face supérieure d'un vert brillant.

Arbre à feuilles caduques

Le mûrier noir est sans doute originaire de Chine ou d'Asie centrale, mais il a été introduit en Europe il y a si longtemps que personne ne connaît sa distribution initiale. On le plante pour ses fruits qui atteignent leur maturité de la fin juillet à septembre. Il n'est guère de plus grand plaisir arboricole que celui d'un mûrier chargé de fruits. Mais évitez de les écraser : noirs et juteux, ils laissent des marques violettes, très difficiles à faire disparaître, sur les doigts ou les tissus.

Le mûrier blanc vient de Chine, et, comme le mûrier noir, il est cultivé depuis des siècles. Bien que sucré, son fruit est insipide. Mieux vaut donc le laisser pour les oiseaux. L'intérêt majeur du mûrier blanc pour l'homme réside dans ses feuilles, qui sont la nourriture préférée du ver à soie. En Orient, on taille les mûriers blancs tous les ans et on cueille les feuilles des rameaux jeunes pour nourrir les vers à soie. À maturité, ils tissent un cocon dont les filaments soyeux donnent le fil de soie. Au XVIIe siècle, le roi Jean essaya de fonder une soierie en Angleterre. Malheureusement, il choisit des mûriers noirs, que les vers à soie ont en abomination. Plusieurs communes anglaises prétendent avoir des mûriers remontant à cette époque, mais cela est impossible : le mûrier ne vit pas plus de 300 ans.

Le mûrier noir est un petit arbre, généralement plus large que haut, au tronc souvent incliné. Il prend rapidement l'allure vénérable d'un vieil arbre.

Écorce
Brun orangé, se creusant de fissures orange aux côtes écailleuses ou filandreuses.

Merisier des oiseaux

Prunus avium

Fruit de 2 cm mûr au milieu de l'été ; globuleux, formé d'une graine dure enveloppée d'une chair juteuse, rouge-jaune ou rouge noirâtre à maturité.

Feuilles alternes, oblongues à ovales, de 7 à 12 cm de long et de 4 à 5 cm de large, condupliquées jeunes, finement acuminées, à la base arrondie ou en coin, à la marge finement serretée, vert foncé dessus, plus pâles et marquées de nervures saillantes velues au revers. Pétiole de 2 à 3,5 cm, muni de 2 à 5 glandes pétiolées.

Rameaux brun-pourpre brillant, parsemés de bourgeons pointus de 0,5 cm de long.

Fleurs blanches de 2,5 à 3,5 cm, groupées en petites ombelles pendantes, apparaissant avec la foliaison au milieu du printemps.

Arbre à feuilles caduques

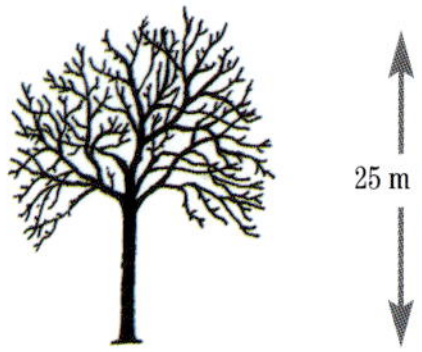

Indigène dans toute l'Europe à l'exception du grand Nord, le merisier des oiseaux pousse également à l'état naturel dans toute la Russie, jusqu'en Sibérie, ainsi qu'en Turquie, dans le nord de l'Iran et en Afrique du Nord. Le fruit est doux ou amer, mais pas acide. C'est le père des cerisiers plantés dans les vergers du monde entier. Son nom vernaculaire est en fait la traduction littérale de son nom latin.

Il pousse sur des terrains variés, mais il vit généralement peu longtemps sur les sols secs et sableux. Les plus gros spécimens qui se développent en fait sur des sols argileux ou riches en terreau qui retiennent l'humidité atteignent pratiquement la taille d'un chêne dans les forêts mixtes. D'excellente qualité, le bois dur et léger est apprécié des ébénistes, des fabricants de parquet et des sculpteurs. Il rapporte plus que le chêne. La graine du merisier étant enfermée dans un noyau dur, deux traitements sont indispensables à sa germination : une phase d'humidité et de chaleur pour éliminer l'enveloppe, suivie d'une période de fraî cheur pour venir à bout des produits chimiques qui empêchent la graine de germer. La maturité étant atteinte en été, la première étape est souvent aisée, mais un été supplémentaire est généralement nécessaire pour la seconde.

Le merisier des oiseaux est très joli au printemps, ses nombreuses fleurs illuminant les forêts mixtes, les vergers et les jardins. Les branches des jeunes spécimens sont en verticilles espacés. La couronne des vieux arbres est en revanche arrondie, dense et branchue.

Écorce
Brillante, rouge-pourpre, s'exfoliant légèrement chez les jeunes spécimens, ponctuée de lenticelles (pores saillants). Elle se creuse de fissures noires ou grises chez les vieux merisiers.

Cerisier à grappes, bois-puant

Prunus padus

Fleurs blanches de 1,5 cm disposées en longues grappes de 7 à 15 cm étalées ou dressées à l'extrémité des rameaux feuillés à la fin du printemps.

Rameaux brillants brun foncé, portant des bourgeons pointus appliqués.

Feuilles alternes, ovales à ovoï des, de 7 à 13 cm de long et de 4 à 7 cm de large, condupliquées jeunes ; arrondies au sommet puis brusquement acuminées, à la base également arrondie ; marge finement dentée ; face supérieure vert foncé terne marquée de nervures imprimées, revers aux nervures saillantes velues ou glabres ; pétiole de 1,2 à 2 cm, portant 2 glandes pédonculées ou plus.

Fruit globuleux de 0,8 cm ; mûr et noir à la fin de l'été, il est de saveur âcre et amère.

Espèce voisine

Cerisier noir *Prunus serotina*
Feuilles oblongues, présentant une largeur maximale au milieu et portant une paire de glandes à la base ; signe distinctif : poils roux le long de la moitié inférieure de la nervure médiane au revers.

Arbre à feuilles caduques

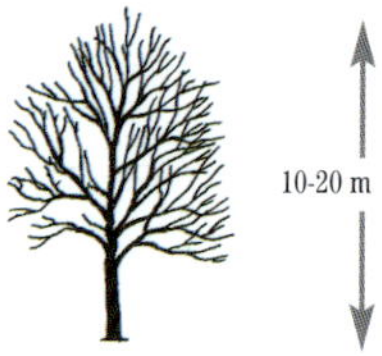

Ce cerisier est indigène partout en Europe, jusqu'à l'extrême Nord de la Norvège et de la Suède, à l'exception toutefois des Balkans. On le trouve aussi en Sibérie et jusqu'au nord-est de la Chine et sur l'î le japonaise septentrionale de Hokkaido. Inadapté aux sites chauds ou arides, il préfère les lieux frais et humides, ce que reflète sa répartition en Grande-Bretagne, où il n'est courant à l'état sauvage que dans le nord et l'ouest de l'î le, sa présence dans l'est et le sud se limitant aux spécimens plantés.

Les feuilles, les fruits et le bois du cerisier à grappes contiennent du cyanure, une caractéristique que l'on retrouve à des degrés divers chez tous les membres du genre *Prunus*. Toutefois, rares sont les espèces chez lesquelles la teneur en cyanure est suffisante pour être dangereuse. C'est le cas notamment de l'amandier à fruits amers.

Originaire de la moitié est de l'Amérique du Nord, de la Nouvelle-Écosse à la Floride au sud et au Dakota et à l'Arizona à l'ouest, le cerisier noir est également naturalisé dans de nombreuses régions d'Europe. C'est un arbre bien plus grand que le cerisier à grappes dont on le distingue aisément, mais ses fruits et ses fleurs sont similaires. Son qualificatif latin *serotina*, « tardif », fait référence à sa foliaison à la fin du printemps, alors que le nom vernaculaire renvoie à la couleur de ses fruits.

Le cerisier à grappes est un arbre d'ornement apprécié pour ses belles fleurs blanches qui cachent parfois presque entièrement les feuilles. Il est souvent plus large que haut.

Écorce
Brun grisâtre foncé et lisse, elle se fissure avec l'âge. Elle dégage une odeur âcre lorsqu'on la coupe.

Cerisier à fleurs du Japon

Prunus serrulata

Rameaux marron clair et brillants, portant des bourgeons pointus brun-rouge. Feuilles alternes ovoï des à oblongues de 7,5 à 12,5 cm de long et de 3 à 6,5 cm de large, condupliquées jeunes, brusquement acuminées, arrondies à la base ; marge serretée aux dents aristées de moins de 0,25 cm ; pétiole atteignant 3 cm et portant 2 glandes pédonculées ou plus.

Fleurs pédicellées simples ou « doubles » (c'est-à-dire avec de nombreux pétales supplémentaires), groupées par 2 à 5 et pendant sous les rameaux au printemps.

ESPÈCE VOISINE

Prunus subhirtella

Fleurs roses de 2 cm. Rameaux plus fins que ceux de *P. serrulata*, portant des bourgeons tronqués et des feuilles plus petites (4 à 8 cm de long et 2 à 4 cm de large) et doublement dentées.

Arbre à feuilles caduques

Le cerisier à fleurs du Japon est, comme son nom l'indique, originaire des montagnes du Japon, mais aussi du centre et du nord de la Chine et de Corée. Dans ces régions isolées, les arbres sont de forme variable généralement associés à des variétés différentes. À l'état sauvage, l'arbre prend une belle parure automnale, mais les variétés ornementales sont moins fiables sur ce plan, car elles sont sélectionnées surtout pour leurs fleurs.

Parmi les principales formes cultivées de *sato zakura* (cerisiers à fleurs du Japon, en japonais), citons 'Amanogawa', auquel les branches dressées donnent un arbre au port fastigié atteignant 8 m de haut, aux fleurs rose pâle ; 'Kanzan', aux fleurs rose violacé sur une couronne en coupe semi-fastigiée ; 'Shirofugen', aux branches arquées pendantes et aux fleurs doubles d'un beau rose profond devenant pâles et ternes en fanant ; 'Shirotae', à la cime en dôme étalée et aux fleurs pendantes d'un blanc éclatant ; 'Taihaku', dont les fleurs simples blanches sont les plus grosses de tout le groupe, et enfin 'Ukon', aux fleurs originales jaune verdâtre.

Prunus subhirtella est essentiellement planté sous sa forme 'Autumnalis', qui donne une succession de fleurs par temps doux à partir de la fin de l'automne. La variété 'Rosea' fleurit normalement au printemps.

Il existe de multiples variétés de cerisiers à fleurs du Japon, aux allures fort diverses, depuis le port fastigié et étroit d'"Amanogawa' à la cime étalée d'"Ukon' et de 'Taihaku'. Chez le 'Kanzan', la couronne en coupe semi-érigée des jeunes s'effondre avec l'âge.

ÉCORCE
Brune, ponctuée de lenticelles horizontales saillantes, lisse chez les jeunes arbres puis rugueuse chez les vieux spécimens.

Poirier commun

Pyrus communis

Fruit pyriforme ou globuleux
à la base échancrée.
Vert et roux avec
de nombreuses lenticelles.
Calice persistant au sommet.

Rameaux brun brillant, puis brun grisâtre, portant des bourgeons pointus brun-rouge brillant.

Feuilles alternes, ovoïdes arrondies à ovales, de 4 à 8 cm de long et de 4 à 5 cm de large, à l'apex arrondi ou brièvement acuminées ; base arrondie ou légèrement cordiforme ; marge entière ou très finement dentée ; pétiole de 1,5 à 4 cm de long, de section ovale, et de couleur vert-jaune.

Fleurs blanches en petits groupes apparaissant avant la floraison.

Espèce voisine

Poirier à feuilles en cœur *Pyrus cordata*
Feuilles ovoïdes de 2,5 à 5 cm de long et de 1,5 à 3,5 cm de large seulement, bordées de dents arrondies.
Fruits globuleux nettement plus petits (0,8 à 1,8 cm) que la poire, déprimés au sommet à l'endroit où se trouvaient les éléments floraux. Rameaux hérissés de piquants.

Arbre à feuilles caduques

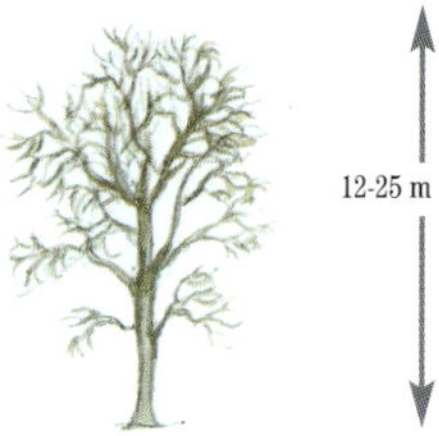

Le poirier est abondamment cultivé en Europe et en Asie occidentale. Il est difficile de savoir si ces régions correspondent à son habitat naturel, et il est par ailleurs possible que le poirier commun que nous décrivons ici soit en fait un hybride issu du croisement de plusieurs espèces de poiriers originaires d'Europe méridionale et orientale et d'Asie occidentale. On compte dans les vergers plusieurs centaines de formes de poirier commun différentes, variant toutes en ce qui concerne la taille, la texture, la maturation et le goût de leurs fruits. Toutes ont cependant en commun les feuilles coriaces et brillantes. Le seul autre arbre courant qui porte des feuilles similaires est un aulne, *Alnus cordata,* qui se distingue aisément du poirier par ses chatons et son cône ligneux. Le péricarpe des poires contient parfois des cellules pierreuses que l'on ne trouve jamais dans les fruits du genre *Malus* (pommes). La poire est un fruit généralement très juteux qui mûrit vite. On peut la faire fermenter puis la distiller pour obtenir de l'eau-de-vie.

P. cordata est un petit arbre que l'on trouve essentiellement de l'ouest de la France à l'Espagne et au Portugal. Il en existe également quelques-uns dans de vieilles haies près de Plymouth dans le Devon et près de Truro en Cornouailles, régions où il serait peut-être endémique.

Le poirier est particulièrement joli au début du printemps lorsqu'il fleurit avant la foliaison. C'est un arbre de taille petite à moyenne, à port dressé, hérissé jeune, puis dense et touffu avec une couronne arrondie en vieillissant.

Écorce
Brune ou noire, se craquelant rapidement en petites plaques écailleuses.

Allier, alisier blanc, alisier de Bourgogne

Sorbus aria

Feuilles alternes le long des rameaux et réunies en bouquets à l'extrémité ; ovales à ovoï des, de 6 à 12 cm de long et de 3 à 8 cm de large, brusquement acuminées et à la base arrondie ou en coin ; marge fortement serretée, avec de grosses dents à l'extrémité des 8 à 13 paires de nervures ; face supérieure couverte de poils blancs qu'elle perd rapidement, alors qu'ils persistent au revers ; pétiole de 1 à 2 cm de long.

Nombreuses petites fleurs d'un blanc terne groupées en corymbes de 5 à 10 cm de diamètre ; floraison en mai-juin ; fruits ovoï des de 0,8 à 1,5 cm devenant écarlates à maturité.

Rameaux couverts de poils blancs serrés au début, qui tombent rapidement pour céder la place à des bourgeons bruns et verts, à la pointe arrondie, avec quelques poils blancs.

ESPÈCE VOISINE

Alisier de Suède *Sorbus intermedia*

Feuilles ovales de 7 à 12 cm de long et de 5 à 7 cm de large ; marges découpées en 5 à 7 grosses dents arrondies, pénétrant jusqu'au quart de la distance séparant la marge de la nervure médiane. Revers laineux blanc grisâtre.

Arbre à feuilles caduques

L'allier est indigène en Europe du Sud, de l'Allemagne à la Roumanie et aux Balkans à l'est, et dans toute la France et jusqu'en Espagne au sud. Dans les î les Britanniques, on le trouve dans le sud de l'Angleterre et dans le comté de Galway dans l'ouest de l'Irlande. Il pousse par ailleurs au Maroc et en Algérie. Cette espèce calcicole tolère aussi les sols sableux acides et d'autres sites. La caractéristique de cet arbre est son épaisse « laine » blanche qui est particulièrement apparente sur les nouvelles feuilles (surtout chez la forme 'Lutescens', un arbre d'alignement courant). Cette « laine » disparaî t rapidement de la plupart des éléments de l'arbre, mais demeure au revers des feuilles.

S. intermedia est originaire du sud de la Suède ainsi que du Danemark à la Pologne sur le littoral sud de la Baltique. Cet hybride, probablement issu du croisement entre l'allier et le sorbier des oiseleurs, a un mode de multiplication original : ses graines n'héritent en effet leur patrimoine génétique que de leur mère. Cet arbre extrêmement robuste qui tolère les sols pauvres égaie le paysage avec ses baies rouges et ses fleurs.

L'allier est essentiellement un bel arbre d'ornement planté dans les parcs et les jardins ou le long des rues où on le reconnaî t à sa couronne basse et arrondie. C'est cependant aussi une espèce de forêt qui pousse surtout sur les sols crayeux ou calcaires. C'est enfin le seul arbre qui pousse couramment en compagnie de l'if dans les plaines crayeuses.

ÉCORCE
Lisse et grise, devenant écailleuse chez les vieux spécimens et se fissurant à la base.

Pommier paradis, pommier acerbe, pommier sauvage

Malus sylvestris

Feuilles alternes ovales à ovoï des de 3 à 7 cm de long et de 2 à 4 cm de large, acuminées, à la base arrondie ou en coin ; marge bordée de fines dents arrondies ; face supérieure vert foncé lustré, revers plus clair, généralement glabre ou très légèrement velu ; pétiole de 2 à 3 cm de long.

Fleurs blanches ou roses groupées par 4 à 7, apparaissant à la foliaison.

Rameaux parfois épineux.

Rameaux brun grisâtre portant des bourgeons ovoï des à coniques brun foncé.

Fruit de 2 à 3 cm de long et de 2 à 4 cm de large, globuleux ou plus large que long, déprimé au sommet et à la base, vert et brun-roux, à calice persistant.

Arbre à feuilles caduques

Le pommier paradis est indigène à toute l'Europe au sud du 60e parallèle environ, mais il est absent du Portugal et des régions voisines en Espagne. Plus à l'est, on le trouve le long de la mer Noire en Turquie et en Géorgie, et sur le littoral sud de la Caspienne dans le nord de l'Iran. C'est l'un des ancêtres de notre pommier domestique, dont le fruit est également déprimé à la racine du pédoncule. Le pommier commun est toutefois beaucoup plus velu et généralement nettement plus petit. Les fruits du pommier paradis sont de taille réduite, mais comme il se croise avec le pommier commun, il arrive que ses pommes soient assez grosses. Elles sont de saveur âcre et de consistance caoutchouteuse, de sorte qu'elles ne se mangent pas fraî ches. On peut en revanche les utiliser pour confectionner cidre et gelée.

Ce pommier pousse dans les forêts mixtes de feuillus. On le trouve souvent dans des bois anciens, dont l'existence est, d'après les archives, antérieure à 1600 apr. J.-C. Le bois n'est pas disponible en grandes quantités. Lourd et difficile à travailler, il est rouge rosé. Rarement cultivé, le pommier paradis est néanmoins un bel arbre d'ornement et d'alignement abondamment planté.

Le pommier paradis a une couronne en coupole très feuillue, conique et hérissée chez les jeunes spécimens, puis s'arrondissant avec l'âge. Pubescent de toutes parts, *Malus domestica*, le pommier commun, donne des fruits beaucoup plus gros.

Écorce
Lisse, brun-vert et ponctuée de grosses lenticelles orange chez les jeunes arbres, elle brunit et se craquelle en vieillissant.

Tilleul argenté

Tilia tomentosa

Feuilles alternes rondes ou ovoïdes de 3 à 13 cm de long et de 4 à 11 cm de large, à l'apex triangulaire, à la base oblique et légèrement cordiforme ; marge bordée de dents triangulaires régulières ; face supérieure vert brillant, contrastant avec le revers demeurant cotonneux et argenté ; pétiole de 2,5 à 4 cm.

Rameaux verts, couverts d'une épaisse couche de poils argentés persistants. Bourgeons pointus, une seule écaille protectrice apparente.

En juillet, fleurs odorantes jaune pâle, pendantes, groupées en petites cymes de 3 à 10, portées par une large bractée membraneuse.

Fruit ovoïde pointu tomenteux argenté, parcouru de 5 sillons fins et portant quelques verrues.

Arbre à feuilles caduques

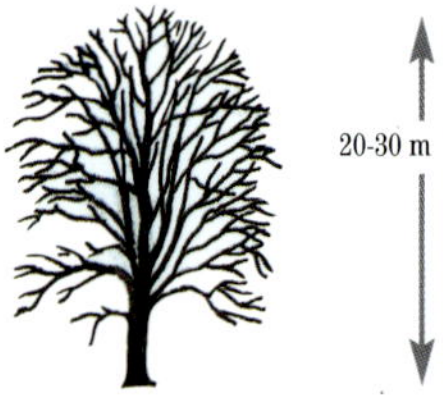

Le seul tilleul argenté d'Europe pousse à l'état naturel de la Hongrie aux Balkans et au nord-ouest de la Turquie au sud, et jusqu'au sud-ouest de la Russie au nord. Les tilleuls argentés doivent leur nom aux poils concolores qui couvrent toutes les parties de l'arbre au début, mais ne sont véritablement persistants qu'au revers des feuilles. Regardez ces poils à la loupe (cette opération sera plus facile si vous choisissez un élément, un rameau par exemple, sur lequel les poils ne sont pas trop denses). Vous remarquerez qu'ils ont plusieurs « bras » qui rayonnent à partir du centre comme les branches d'une étoile. Le qualificatif latin *« tomentosa »* signifie velu, tomenteux.

Planté comme arbre d'ornement, le tilleul argenté a une couronne feuillue aux fleurs très odorantes. Malheureusement, leur nectar contient (surtout lors des étés secs) un sucre que le bourdon commun est incapable de digérer. Il s'accumule dans l'organisme de l'insecte et finit parfois par provoquer sa mort. Le bois de tilleul est blanc et tendre, facile à mettre en œuvre. C'est le bois idéal pour la sculpture, comme en attestent les œuvres du célèbre sculpteur sur bois du XVIIe siècle Grinling Gibbons. On a par ailleurs élaboré une sorte de chocolat à partir des graines de cet arbre, mais cette entreprise a échoué suite à des problèmes de conservation.

Le tilleul argenté est un grand arbre d'ornement superbe par une légère brise qui révèle le revers argenté de ses feuilles. Le cultivar 'Petiolaris' (photo ci-dessus) a des branches aux extrémités retombantes, et des feuilles longuement pétiolées pendantes.

ÉCORCE
Vert grisâtre et lisse, légèrement striée. Grise et parcourue d'un réseau de fissures plates chez les vieux spécimens.

Tilleul à petites feuilles, tilleul des bois, tilleul d'hiver

Tilia cordata

Feuilles alternes, ovoïdes triangulaires à globuleuses, de 3 à 8 cm de long et de large, brusquement acuminées, à la base oblique profondément cordiforme ; marge régulièrement dentée ; face supérieure mate, un peu glauque, revers bleuâtre parsemé de touffes de poils orange ou rouges à l'intersection des nervures ; pétiole de 2 à 4 cm.

Fleurs odorantes et blanc crème en juillet, groupées en cymes de 5 à 11 au niveau ou au-dessus des feuilles, accolées à une grande bractée membraneuse.

Fruit ovale à globuleux, à paroi lisse. Pas de sillons.

Rameaux verts, rapidement glabres ; bourgeons verts brusquement acuminés, avec seulement 2 écailles protectrices visibles.

ESPÈCE VOISINE

Tilleul à grandes feuilles, tilleul de Hollande, tilleul d'été *Tilia platyphyllos*

Feuilles largement ovoïdes de 6 à 15 cm de long et de 7 à 13 cm de large, plus grosses que celles du tilleul à petites feuilles ; couvertes sur les deux faces de poils simples serrés.

Arbre à feuilles caduques

Le tilleul à petites feuilles pousse à l'état naturel dans toute l'Europe, de l'Espagne et la Grande-Bretagne à l'Ukraine et au nord-ouest de la Russie et au Caucase. Il est en revanche absent de Turquie, de l'extrême sud et de l'extrême nord du continent. Il a la même aire de distribution que le tilleul à grandes feuilles, qui, lui, est cependant présent en Turquie. Dans les bois, on fait rejeter les deux espèces de la souche, c'est-à-dire qu'on les rabat au niveau du sol tous les trois ou quatre ans et on les laisse repousser. Les souches mesurent jusqu'à 6 m de diamètre et certaines ont près de 2 000 ans. Toutefois, chez les spécimens aussi vieux, le milieu du tronc pourrit, laissant un cercle incomplet. Ce mode de multiplication était pratiqué pour l'exploitation du bois, et surtout de l'écorce que l'on prélevait, puis laissait pourrir afin de pouvoir récupérer les fibres avec lesquelles on fabriquait des cordages.

Les tilleuls à petites et grandes feuilles ont donné naissance à un hybride, *T. europaea*, couramment cultivé mais rare dans la nature. Ses feuilles sont brillantes, moins velues, mais portant quelques touffes de poils bruns à l'aisselle des nervures au revers. Cet arbre produit une grande quantité de drageons et de miellée à la base de son tronc.

Le tilleul à petites feuilles pousse à l'état naturel dans les bois, mais il est essentiellement solitaire. C'est un bon arbre d'alignement. Avec sa couronne arrondie, il est généralement plus haut que large, contrairement au spécimen de la photo ci-dessus.

Écorce
Lisse et grise chez les jeunes arbres, fonçant et se craquelant en plaques écailleuses avec l'âge.

Filaire à larges feuilles

Phillyrea latifolia

Feuilles opposées, ovoïdes à lancéolées, de 1,5 à 6 cm de long et de 1 à 4 cm de large ; marge entière ou bordée de dents pointues ou arrondies ; face supérieure vert moyen à profond, lustrée, revers plus clair ponctué de minuscules glandes ; pétiole de 0,5 à 0,6 cm.

Rameaux brun grisâtre et finement pubescents jeunes, puis gris foncé, aplatis à côté des petits bourgeons pointus.

Toutes petites fleurs jaunes ou blanches (0,2 cm) groupées en glomérules à l'aisselle des feuilles de l'année précédente à la fin de l'hiver ou au début du printemps.

Fruit de 0,6 à 1 cm de diamètre, arrondi en drupe (noyau dur entouré d'une enveloppe charnue) bleu nuit à maturité dès le premier automne.

Arbre à feuilles persistantes

Le filaire est originaire du Bassin méditerranéen, du Portugal jusqu'au Proche-Orient et à l'Afrique du Nord. Il est typique du maquis, cette forêt d'arbrisseaux aux feuilles persistantes couvrant les pentes arides et rocailleuses de la majeure partie de la région méditerranéenne. Les arbrisseaux du maquis ont les feuilles dures et brillantes, une adaptation qui leur permet de limiter les déperditions d'eau. Le filaire n'est généralement qu'un petit buisson, mais sur de meilleurs terrains, il donne parfois un petit arbre. Son nom latin dérive d'une légende antique : Phillyre, une splendide nymphe marine, donna au dieu Kronos un fils qui était mi-homme, mi-cheval. Effrayée par son aspect, elle pria les dieux de la changer en arbre, ce qui fut fait.

Le bois de filaire est rarement disponible en taille ou en quantité utilisables, et lorsque par hasard c'est le cas, son odeur désagréable dissuade de l'utiliser. C'est l'un des rares bois plus lourds que l'eau. On considère que les filaires sont des proches parents des troènes *(Ligustrum)*, un genre qui réunit essentiellement des arbustes très courants dans les jardins. On les distingue aisément à leurs fleurs : celles des troènes sont terminales, celles des filaires axillaires (voir ci-dessus).

Cultivé, le filaire donne un joli petit arbre à la cime arrondie.
On l'apprécie pour son feuillage persistant, et non pas pour la beauté de ses fleurs.

Écorce
Lisse et gris foncé, puis parcourue de fines fissures et craquelée en petites écailles carrées.

Olivier

Olea europaea

Feuilles opposées, brièvement pétiolées, lancéolées à étroitement ovoïdes, de 2 à 8 cm de long et de 0,8 à 2 cm de large ; marge entière ; face supérieure gris-vert, revers blanc couvert d'écailles.

Fleurs odorantes groupées à l'aisselle des rameaux de l'année.

Rameaux gris argenté, couverts d'écailles serrées, brunissant lorsque celles-ci sont tombées ; de section circulaire à quadrangulaire ; parsemés de petits bourgeons.

Drupe (noyau entouré d'une enveloppe charnue) ovoïde à globuleuse de 1 à 3,5 cm, dont la maturation dure 12 mois ou plus, verte jeune puis noire ou brune à maturité ; chair oléagineuse.

Arbre à feuilles persistantes

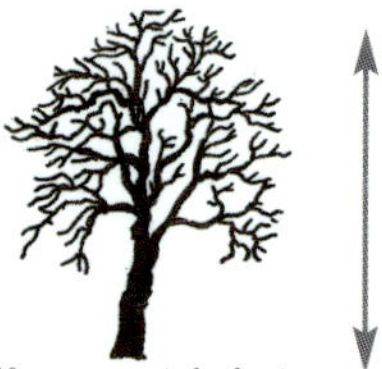

10 m, rarement plus haut.

Cet arbre est si typique du paysage méditerranéen que l'on pourrait croire tout naturellement qu'il en est originaire. En fait, il y a probablement été introduit très tôt depuis la péninsule Arabique où il paraît endémique des montagnes arides et nues qui séparent l'Arabie saoudite du Yémen. On y trouve en effet des oliviers sauvages dans un habitat apparemment naturel ; leurs feuilles sont plus petites que celles des arbres cultivés et leurs rameaux sont épineux. L'olivier ne supporte pas les fortes gelées (pas au-delà de quelques degrés en dessous de zéro), et, comme les autres plantes qui prospèrent dans les régions chaudes, il redoute l'ombre. Une fois établi, il tolère en revanche fort bien la sécheresse et s'adapte parfaitement aux hivers doux et humides et aux étés chauds et secs du climat méditerranéen.

Cet arbre revêt une importance mondiale pour la production d'huile d'olive, obtenue par la pression de la chair du fruit et considérée comme la meilleure huile végétale en raison de sa forte teneur en acides gras polyinsaturés. Si ces matières grasses sont meilleures pour l'organisme que les autres, elles n'en sont pas moins fatales pour le tour de taille. Le bois d'olivier est brun ou noir. Il se polit bien et est utilisé pour la confection de petits éléments d'assemblage, de parquets ou de lambris.

Les oliviers sont souvent taillés en têtards dans les oliveraies, car cela simplifie la cueillette. Les arbres ont alors une petite couronne dense sur un tronc bien trapu.

Écorce

Gris argent, parcourue avec l'âge de fines fissures avec des sillons transversaux formant de profondes indentations.

Arbousier, arbre aux fraises

Arbutus unedo

Feuilles alternes sur les rameaux verts ou roses, ovales à ovoïdes, de 5 à 10 cm de long et de 1,5 à 4 cm de large ; arrondies à l'apex et en coin à la base ; marge bordée de petites dents pointues dirigées vers l'avant ; face supérieure coriace et vert foncé, revers vert clair ; pétiole rose de 0,7 à 1 cm.

Fleurs campanulées roses ou blanches groupées en petites panicules de 15 à 20 d'octobre à décembre.

Fruit rond et rugueux de 1,5 à 2 cm, rappelant la fraise, mûrissant le deuxième automne au moment de la floraison.

ESPÈCE VOISINE
Arbousier de Chypre
Arbutus andrachne
Feuilles raides (non coriaces), plus larges que celles de *A. unedo*.

Feuilles de 4 à 10 cm de long et de 2 à 6 cm de large, pruineuses blanc bleuté au revers, parcourues d'un réseau de nervures ; marge entière ou finement dentée seulement ; pétiole cannelé de 2 à 4 cm.

Arbre à feuilles persistantes

8-13 m

Cette espèce est native du littoral méditerranéen, du Portugal à la Turquie, à Chypre et à l'Afrique du Nord. On trouve également des arbousiers dans le sud-ouest de l'Irlande, près de Killarney dans le comté du Kerry, et on pense qu'il a résisté à la dernière glaciation sur quelques îles au large des côtes irlandaises. Il s'est facilement naturalisé sur les sols nus et sableux d'Angleterre, dans les environs de Poole et de Bournemouth.

Si cet arbre à feuilles persistantes est assez terne la majeure partie de l'année, il offre un double spectacle féerique à l'automne lorsqu'il fleurit au moment où les fruits de l'été précédent mûrissent. Les fruits sont comestibles, mais le grand botaniste suédois Linné ne s'était guère trompé lorsqu'il a donné à l'arbousier son nom latin, *unedo,* qui signifie « j'en ai mangé une ». En effet, la plupart des gens s'arrêtent là, les estimant assez insipides. Il est possible de les conserver au sirop.

A. andrachne est originaire de l'est du Bassin méditerranéen, où on le trouve au sud jusqu'en Palestine et à l'est jusqu'au Caucase. Outre les différences mentionnées plus haut en matière de feuilles, cet arbousier se distingue du premier à ses fleurs groupées en panicules plus grosses et s'épanouissant au printemps à partir de bourgeons de l'année précédente. Les fruits mûrissent à l'automne, égayant une seconde fois la couronne. L'écorce rouge et lisse est par ailleurs nettement plus attrayante.

L'arbousier est un arbre à feuilles persistantes qui tolère les emplacements arides et chauds. Avec sa couronne basse et arrondie, il est souvent plus large que haut.

Écorce
Rouge foncé, s'exfoliant à maturité, elle est parfois squamiforme avec des sillons brun-gris en vieillissant.

Arbre de Judée

Cercis siliquastrum

Feuilles alternes arrondies de 6 à 10 cm de part en part, acuminées ou avec une encoche à l'apex, en cœur à la base ; marge entière, légèrement ondulée ; face supérieure vert mat, contrastant avec la pruine bleu blanchâtre du revers ; pétiole de 2,5 à 5 cm de long, à la base élargie.

Fruit en gousse de 7 à 12 cm de long.

Rameaux chocolat ou brun-rouge à maturité.

Fleurs blanches ou roses de 2 cm, de la forme d'un pois de senteur, apparaissant en groupes axillaires à la fin du printemps avant les feuilles, souvent sur des rameaux anciens.

Arbre à feuilles caduques

L'arbre de Judée est endémique dans le sud-est de l'Europe à l'ouest de l'Asie, sur une bande de terre proche du littoral méditerranéen de la côte méridionale de l'Adriatique au sud d'Israël. Cet arbre pousse également des deux côtés du Bosphore et en Crimée, au nord de la mer Noire. Il aime les régions sèches et chaudes et n'apprécie guère les longues périodes de fortes gelées. Selon la légende, ce serait l'arbre auquel se serait pendu Judas Iscariote. Le nom latin du genre, *Cercis,* qui vient du mot grec désignant la navette du tisserand, fait allusion à la forme des fruits.

Le bois entièrement rouge et parcouru de belles veines sombres est dur et solide. Il est très prisé pour la confection de pièces d'assemblage. On plante cet arbre ornemental original pour ses fleurs qui égaient les vieilles branches. Il arrive même fréquemment qu'il fleurisse sur le tronc, alors que presque tous les arbres des régions tempérées produisent uniquement des fleurs au niveau de leurs rameaux de l'année ou de l'année précédente.

L'arbre de Judée est resplendissant à la fin du printemps, lorsque ses rameaux et souvent ses grosses branches sont ponctués de fleurs. Son tronc est souvent incliné, de sorte que sa couronne est souvent décentrée.

Écorce
Brun grisâtre, lisse, craquelant en petites écailles carrées brunes.

Oranger doux

Citrus sinensis

Feuilles alternes lancéolées à ovoïdes atteignant 15 cm de long, acuminées, à la base en coin ; vert foncé brillant et ponctuées de taches jaunes translucides dessus, plus pâles au revers ; pétiole étroitement ailé.

Fleurs blanches très odorantes de 3 cm de diamètre, groupées en courtes cymes de la fin de l'hiver au printemps.

Fruit globuleux à ovoïde de 7 à 9 cm de diamètre, mûrissant à partir d'octobre, comportant 10 à 13 segments juteux.

Rameaux verts, de section tout d'abord angulaire, puis circulaire, portant de fines épines souples et de petits bourgeons.

Espèce voisine
Citronnier, limonnier
Citrus limon
Feuilles ovales à la marge dentée et ondulée.

Arbre à feuilles persistantes atteignant 10 m de haut, mais généralement plus petit

L'oranger est originaire de l'est de la Chine, au sud du Yangzi Jiang, le fleuve Bleu, mais il a bien sûr été abondamment cultivé en Europe depuis très longtemps. Il a probablement été introduit dans nos régions avant l'époque romaine. Le fruit caractéristique du genre *Citrus* compte 8 à 15 segments enveloppés d'une peau blanche et d'un zeste, ou peau extérieure, qui contient de nombreuses cellules glandulaires. Les graines ou pépins sont renfermés dans les segments. Les éléments juteux de ces derniers seraient issus de cellules pileuses grossies. Les feuilles présentent en outre la particularité d'être articulées sur le pétiole souvent ailé, ces membranes venant prolonger le limbe. Chez certaines espèces d'oranger, le pétiole ailé a pratiquement la superficie du limbe (c'est le cas du pamplemoussier notamment).

Le citronnier, qui, lui, viendrait du sud-est de la Chine, est cultivé depuis aussi longtemps que l'oranger. Sa chair acide et la forme de son fruit permettent de l'identifier sans problème. En période de floraison, on le distingue aux 25 à 40 étamines de ses fleurs, alors que la fleur d'oranger en compte seulement une vingtaine.

Dans les orangeraies, on ne laisse généralement pas les orangers pousser très haut afin de faciliter la cueillette. Les arbres peuvent porter fleurs et fruits simultanément.

Écorce
Grise, lisse ou ridée.

Gommier cidre

Eucalyptus gunnii

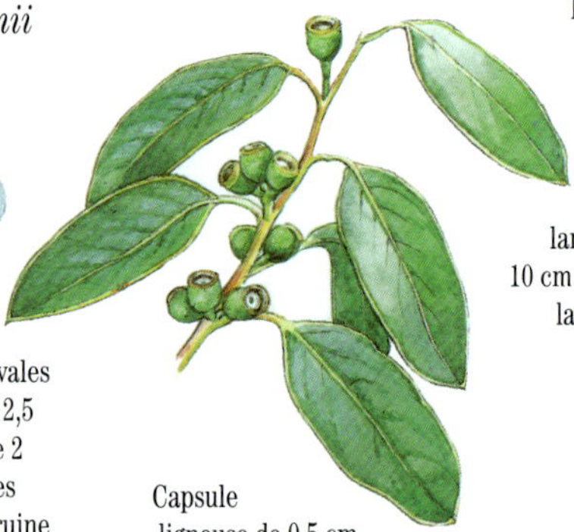

Feuilles adultes vertes ou pruineuses, identiques dessus et dessous, alternes sur les rameaux pruineux rose-pourpre ; lancéolées à ovoï des, de 6 à 10 cm de long et de 3 à 4 cm de large, acuminées, à la base arrondie ou en coin, pendantes, pétiole ridé.

Feuilles juvéniles opposées, ovales larges à arrondies de 2,5 à 4,5 cm de long et de 2 à 4 cm de large ; vertes ou couvertes d'une pruine glauque ; non pétiolées.

Capsule ligneuse de 0,5 cm en forme de toupie, à maturité estivale, après la floraison.

Fleurs blanches laineuses groupées par 3 et apparaissant au milieu de l'été.

Espèce voisine
Gommier des neiges
Eucalyptus niphophila
Feuilles lancéolées de 6 à 10 cm de long, à l'apex en crochet ; fleurs et fruits par groupes de 7 ou plus.

Arbre à feuilles persistantes

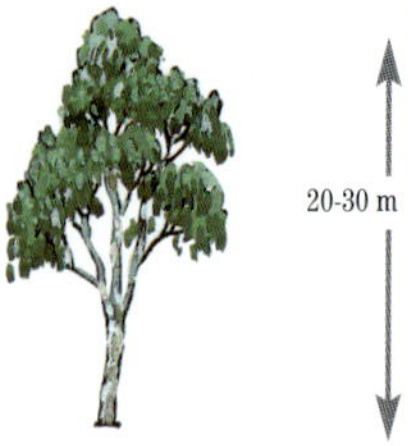

Le gommier cidre est originaire de Tasmanie et du sud-est du continent australien. C'est l'un des eucalyptus les plus rustiques. Le nom d'eucalyptus signifie littéralement « pétales fuselés ». En effet, ces derniers ne sont pas gros et ostentatoires comme dans la plupart des fleurs, mais ils forment un capot sur le bouton floral qui tombe lorsque la fleur s'ouvre. Une autre particularité originale de l'eucalyptus est son feuillage. La plupart des plantes ont en effet deux types de feuilles : le cotylédon (la première paire de feuilles produites lors de la germination de la graine) et les feuilles adultes. Les eucalyptus, eux, en ont quatre : le cotylédon, les feuilles juvéniles et adultes et les intermédiaires. Les juvéniles (voir description ci-dessus) finissent par céder la place aux adultes, qui ont deux faces identiques et un pétiole. Lorsque l'on rabat un eucalyptus, les premières feuilles qu'il donne sont des juvéniles, quel que soit l'âge de l'arbre. Ce sont les juvéniles, denses et très colorées, qui sont le plus appréciées pour les arrangements floraux.

Eucalyptus niphophila est natif du sud-est de l'Australie continentale. C'est généralement un petit arbre qui ne dépasse pas les 10 m de haut. Son principal attrait réside dans le blanc immaculé de son écorce mise à nu.

Les nouveaux rameaux de l'eucalyptus qui ne portent que quelques petites feuilles forment une sorte d'auréole autour de la couronne dense de cet arbre à croissance rapide. Les jeunes eucalyptus ont un port dressé et très étroit, mais ils s'arrondissent en vieillissant.

ÉCORCE
Vert pâle ou crème dessous au début, puis virant peu à peu au gris avant de s'exfolier en gros lambeaux.

Gommier bleu, arbre-à-fièvre, eucalyptus globuleux

Eucalyptus globulus

Feuilles adultes coriaces de 10 à 30 cm de long et de 3 à 4 cm de large, pendantes sur les rameaux pruineux à section carrée ; lancéolées, généralement falciformes, acuminées et en coin à la base ; marge entière ; glauques, aux nervures plus ou moins marquées.

Feuilles juvéniles pruineuses, largement lancéolées, mesurant 7 à 16 cm de long et 4 à 9 cm de large, cordiformes à la base, souvent engainantes.

Fruit bleu pruineux de 1 à 1,5 cm de long et de 1,5 à 3 cm de large, globuleux, aplati au sommet et parcouru de 4 sillons se prolongeant dans le pédoncule.

Fleurs solitaires brièvement pédonculées.

Arbre à feuilles persistantes

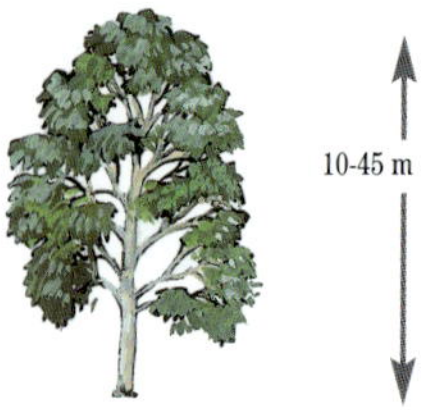

Le gommier bleu pousse à l'état naturel en Tasmanie, mais aussi dans une partie de l'État de Victoria, au sud-est du continent australien. C'est probablement l'espèce d'eucalyptus la plus couramment cultivée, car elle pousse bien partout, à condition que les hivers ne soient pas froids. En Grande-Bretagne, elle survit rarement à plus de trois ou quatre hivers, sauf dans les régions les plus protégées, mais cela lui suffit néanmoins pour atteindre 10 m de hauteur. C'est un arbre qui bénéficiera peut-être du réchauffement de la planète. Dans le nord-est de l'Espagne et dans d'autres régions chaudes, on cultive fréquemment cet arbre forestier pour son bois, utilisé principalement pour faire de la pâte à papier. Les gommiers sont abattus au bout de quelques années, mais ils rejettent vigoureusement de souche, ce qui dispense les exploitants d'en replanter de nouveaux. Bien que l'arbre ne soit pas rustique en Europe septentrionale, il est largement planté en été à titre ornemental en raison de son beau feuillage bleu. Il atteint alors 2 à 3 m de hauteur dès l'automne. Parmi les quelque 600 espèces d'eucalyptus, il présente la particularité d'avoir des fleurs et des fruits solitaires. Tous les autres gommiers ont des panicules terminales de 3 à 15 fleurs. Ses fruits sont en outre plus gros et nettement côtelés et verruqueux.

Jeune, le gommier bleu a un port très étroit et un tronc unique. Si comme ici il a de la place, il développe une couronne arrondie.

Écorce
Elle s'exfolie pour révéler un endoderme blanc, qui vire petit à petit au fauve, au rose et au gris en vieillissant, avant de tomber à nouveau en lambeaux.

Magnolia de Campbell

Magnolia campbellii

Feuilles ovales alternes de 15 à 33 cm de long et de 8 à 15 cm de large, acuminées, à la base en coin ; marge entière et translucide ; dessus vert un peu lustré, revers vert pruineux parcouru d'une vingtaine de nervures saillantes duveteuses qui n'atteignent pas la marge ; pétiole de 3 à 6 cm élargi à la base.

Fleurs terminales de 20 à 30 cm de diamètre s'épanouissant à la fin de l'hiver sur les rameaux de l'année précédente, avant la foliaison ; 12 à 16 pétales blancs ou roses, craignant le gel.
Fruit cylindrique, de 15 à 20 cm.

Rameaux vert pruineux jeunes, bruns à maturité au bout de 2 ou 3 ans ; bourgeons étroits de 1,5 à 4 cm.

Espèce voisine
Magnolia à feuilles acuminées
Magnolia acuminata
Feuilles vert pâle ou vert-jaune de 8 à 25 cm de long et de 5 à 11 cm de large, portant 10 à 14 paires de nervures. Fleurs dressées vert-jaune apparaissant à l'extrémité des rameaux feuillés en juin.

Arbre à feuilles caduques

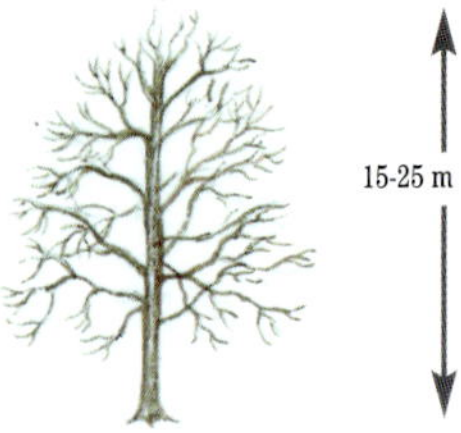

Cette espèce est native de l'Himalaya, de l'est du Népal au Sikkim et au Bhoutan, avec une sous-espèce prolongeant l'aire de répartition jusqu'au Yunnan, dans l'ouest de la Chine, en passant par le nord-est de l'Inde et la Birmanie. Elle pousse dans une zone tempérée chaude avec de fortes précipitations estivales et de la neige en hiver, mais pas de températures trop basses. Si vous faites pousser un magnolia par semis, il sera lent à fleurir (il lui faudra peut-être 25 ans). La sous-espèce orientale *(mollicomata)* fleurira deux fois plus vite, mais ses fleurs ont des reflets violets. Le bois n'a pas d'usage particulier, mais les Chinois utilisent l'écorce de diverses espèces de magnolia à des fins médicinales.

Magnolia acuminata est originaire de l'est de l'Amérique du Nord. Il fleurit après la foliaison, de sorte que ses fleurs sont moins visibles.

Magnolia x *soulangiana* et *M. kobus* sont deux magnolias qui fleurissent avant la foliaison. C'est le premier qui est le plus couramment cultivé. La forme commune a des fleurs décevantes : blanches teintées de mauve. *M. kobus* a en revanche de superbes fleurs blanches.

Le magnolia de Campbell est éblouissant à la fin de l'hiver lorsqu'il est chargé de ses grosses fleurs blanches, qui sont malheureusement très sensibles au gel. De port colonnaire à pointe conique (comme ici), sa cime s'élargit et s'arrondit avec l'âge.

Écorce
Gris clair ou brun grisâtre, lisse ou finement ridée, seulement fissurée et écailleuse à la base des vieux troncs.

Magnolia à grandes fleurs

Magnolia grandiflora

Fleurs blanc crème très odorantes à 9 pétales ou plus, mesurant 15 à 25 cm de diamètre, apparaissant à partir du mois de juin à l'extrémité des rameaux de l'année ; la floraison cesse aux premières gelées.

Feuilles ovales alternes de 13 à 25 cm de long et de 5 à 10 cm de large, brièvement acuminées, à la base en coin à arrondie, à la marge entière ; face supérieure vert clair très brillant, revers couvert de poils rougeâtres serrés qui s'éclaircissent la deuxième et la troisième années ; pétiole épais de 2 à 5 cm de long.

Rameaux épais couverts de poils rougeâtres ou chamois la première année, puis plus foncés. Bourgeons allongés et pointus de 2 à 4 cm.

Fruit en forme de cône ovoï de de 7 à 10 cm de long.

Graine noire avec une enveloppe rouge.

Arbre à feuilles persistantes

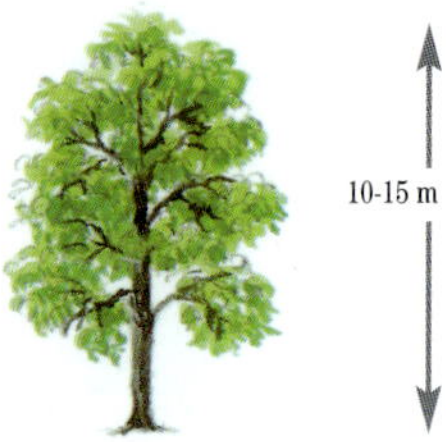

Ce magnolia est originaire des régions côtières du sud-est des États-Unis, de la Caroline du Nord jusqu'à la Floride au sud sur le littoral atlantique, puis sur le golfe du Mexique jusqu'au Texas. Il pousse dans les plaines humides en compagnie d'autres feuillus et s'avère plus rustique que ses origines méridionales le laisseraient supposer. Apprécié pour ses belles feuilles lustrées et ses grosses fleurs, ce magnolia cultivé en Europe de l'Ouest depuis plusieurs siècles a produit de nombreux cultivars qui se distinguent par la taille et la forme de leurs feuilles et la densité de la jolie pilosité rousse qui couvre le revers des feuilles. Ce sont tous des arbres d'ornement utiles, car ils donnent successivement de belles fleurs délicieusement parfumées tout au long de l'été. Citons notamment les formes 'Exmouth', aux feuilles étroites et au port très dressé, et 'Goliath' aux énormes fleurs de 30 cm de diamètre. Le nom latin de l'espèce renvoie d'ailleurs à la taille de ses fleurs. Il est vrai que, au moment où elle a été baptisée, aucune autre plante ne produisait de fleurs aussi grosses.

Le magnolia à grandes fleurs a un port dressé, les branches inférieures légèrement pendantes. Il pousse souvent près d'un mur, mais prospère également bien sans support.

Écorce
Brun clair, devenant rugueuse et écailleuse à la base.

Tulipier de Virginie

Liriodendron tulipifera

Fleurs à 6 pétales verts à jaunes, mesurant 4 à 5 cm de diamètre et apparaissant au début de l'été à l'extrémité des pousses de l'année.

Feuilles alternes longues et larges de 7 à 20 cm, de forme très particulière, à 4 lobes aigus, les deux terminaux faisant paraî tre la pointe tronquée et les deux autres la base en coin à cordiforme ; face supérieure vert lustré, revers bleu-vert ; pétiole de 5 à 10 cm élargi à la base.

Rameaux brun brillant, avec des bourgeons ovales aplatis vert bleuté portés par des pédoncules de 1 cm.

Fruit en forme de cône de 4 à 5 cm.

Arbre à feuilles caduques

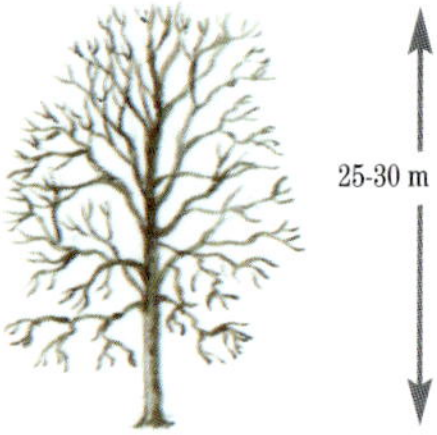

Le tulipier de Virginie est natif de l'est de l'Amérique du Nord, de la Nouvelle-Écosse et du sud de l'Ontario au nord jusqu'en Floride et en Louisiane au sud. Dans ces régions, il pousse dans les plaines bien drainées mais humides où il atteint 45 m de hauteur. Il doit son nom à ses fleurs en forme de tulipes, jolies si on les regarde attentivement, mais souvent cachées par le feuillage. Il arbore à l'automne une belle robe jaune d'or. On le plante également pour son bois jaune pâle ; de qualité moyenne, il est utilisé en ébénisterie et résiste bien aux termites. Le tulipier illustre bien les liens étroits qui unissent la flore de l'est de l'Amérique du Nord et celle de la Chine. Le genre compte en effet deux espèces, *Liriodendron tulipifera* et *L. chinense*, originaire de l'est de la Chine et du Vietnam. Ses feuilles ont généralement la taille plus fine entre leurs deux paires de lobes et sont davantage pruineuses au revers.

Le tulipier est un bel arbre d'ornement qui convient également pour l'alignement. Attention toutefois aux arbres issus de semis, à la forme trop variable pour border régulièrement une avenue. Préférez-leur des clones connus.

Les jeunes tulipiers ont un port colonnaire bien régulier, mais leur couronne s'arrondit avec l'âge, perdant leurs branches basses. Les fleurs sont de ce fait souvent trop hautes pour que l'on puisse les cueillir.

Écorce
Brun grisâtre ou grise ; lisse sur les jeunes arbres, elle devient grise ou gris argent, s'exfolie en plaques à la base du tronc et se creuse de sillons brun orangé.

Houx commun

Ilex aquifolium

Fleurs blanches apparaissant au printemps à partir de groupes de bourgeons axillaires. Fleurs mâles à 4 anthères (les éléments qui renferment le pollen), fleurs femelles sans anthère, mais dotées d'un ovaire.

Feuilles épineuses alternes, ovales larges à étroites, de 5 à 12 cm de long et de 2 à 6 cm de large ; épines rares ou absentes sur les feuilles de la partie supérieure de la couronne, à l'exception du mucron terminal ; vert profond brillant dessus, plus claires au revers ; pétiole de 1 cm.

Fruit de 0,6 à 1 cm de diamètre sur les arbres femelles seulement, rouge à maturité à l'automne.

Les rameaux restent verts ou pourpres pendant plusieurs années. Bourgeons de petite taille.

Les feuilles de la partie inférieure de la couronne et des jeunes arbres ont une marge ondulée prolongée d'épines acérées.

Arbre à feuilles persistantes

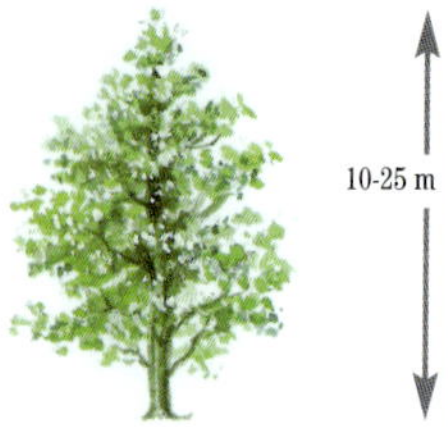

Cet arbre que nous connaissons tous est endémique dans les régions tempérées d'Europe occidentale, de la côte sud de la Norvège à l'Espagne et au Portugal au sud, et jusqu'à la mer Noire à l'est. Il pousse également à l'état sauvage en Afrique du Nord ainsi qu'en Turquie, sur le littoral méditerranéen et sur les bords de la mer Noire. Il est en revanche absent de l'Europe centrale et septentrionale, où les hivers sont trop rigoureux pour lui. L'image qui nous vient à l'esprit lorsqu'on pense à cet arbre, avec ses feuilles épineuses et ses baies rouges, n'est que partiellement conforme à la réalité. En effet, certains houx gardent leurs feuilles épineuses, mais, dans la plupart des cas, les feuilles de la partie supérieure de la couronne n'ont presque plus (voire plus du tout) de piquants. Les feuilles épineuses ont pour but de dissuader les gros mammifères de les brouter. Or, comme il n'y a pas de girafes en Europe, l'arbre n'a plus besoin de piquants au-delà de 3 à 4 m de hauteur. Pour produire des piquants, l'arbre doit en outre puiser dans ses réserves énergétiques : il évitera donc de le faire s'il peut s'en passer. Par ailleurs, le houx est une plante unisexuée, de sorte que seuls les arbres femelles portent les belles baies rouges (sur certains cultivars, elles sont jaunes ou ambre). Le rôle des arbres mâles est de polliniser les fleurs. Le bois de houx est facile à travailler. Gris au départ, il brunit avec l'âge. Apprécié des sculpteurs et des ébénistes, il se teint en outre aisément.

Le houx est une espèce au port dressé et aux feuilles persistantes que l'on voit couramment dans les bois et les haies. Se limitant généralement à sa forme arbustive, il lui arrive néanmoins d'atteindre 25 m de hauteur dans les bois abrités. Il est facile à tailler pour produire de belles haies ou des topiaires.

ÉCORCE
Grise et lisse, ponctuée de petits boutons, devenant gris argent en vieillissant.

Catalpa commun

Catalpa bignonioides

Fruit en gousse pendante de 15 à 40 cm de long, s'ouvrant pour libérer de nombreuses petites graines à 2 ailes.

Fleurs formant en juillet de grosses panicules terminales de 20 à 30 cm. Fleurs tubulaires blanches de 4 à 4,5 cm, rayées de rouge et ponctuées de pourpre. Rameaux brun grisâtre parsemés de petits bourgeons par groupes de 2 ou 3.

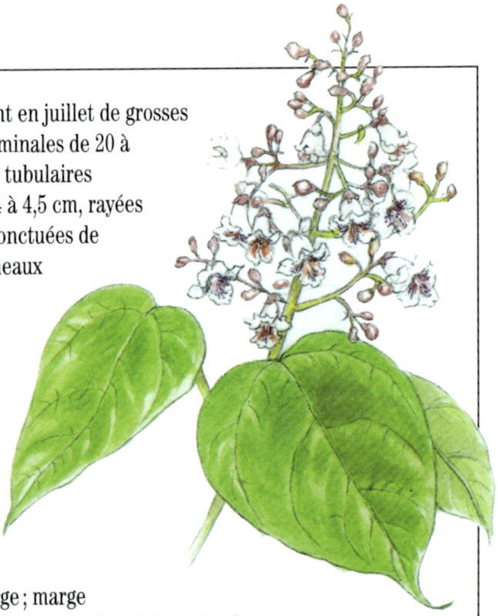

Grosses feuilles cordiformes molles opposées ou par 3, de12 à 25 cm de long et de 10 à 18 cm de large ; marge entière ; non lobées, vert mat dessus, plus claires et pubescentes au revers ; pétiole de 5 à 15 cm.

ESPÈCE VOISINE
Catalpa à feuilles cordées
Catalpa speciosa
Feuilles plus triangulaires que celles de *C. bignonioides* n'exhalant pas la même odeur désagréable lorsqu'on les froisse. Fleurs plus blanches, plus grosses, groupées en panicules plus petites.

Arbre à feuilles caduques

10 m de hauteur, rarement jusqu'à 15 m

Le catalpa commun est originaire du sud-est des États-Unis, de la Géorgie et de la Floride jusqu'à l'Alabama et au Mississippi à l'ouest, où il pousse sur le pourtour des bois. Il a été abondamment planté en dehors de son aire de répartition, car, malgré ses origines méridionales, il est très rustique. Pour la plupart des feuillus, le diamètre de la couronne d'un arbre poussant sans contrainte est à peu près égale à sa hauteur. Le catalpa, en revanche, est beaucoup plus large que haut. Ses gousses cylindriques pendent depuis les vestiges de ses fleurs comme de longs haricots. Ses feuilles fines, fréquemment déchirées par le vent, restent vertes en automne jusqu'à ce que les gelées en viennent à bout. Elles exhalent une odeur désagréable lorsqu'on les froisse. Le qualificatif *bignonioides* renvoie à la forme des fleurs, semblable à celles d'une plante grimpante tropicale, *Bignonia*. Son bois est dur et durable, avec un grain assez gros.

Catalpa speciosa est natif du centre des États-Unis, dans la vallée du Mississippi, de l'Arkansas à l'Indiana. Cet arbre de 10 à 20 m de hauteur au port plus classique que le catalpa commun supporte en outre mieux les hivers froids.

Le catalpa commun est splendide en juillet lorsqu'il croule sous les grosses panicules de fleurs, mais sinistre en automne lorsque ses feuilles tombent sans avoir même changé de couleur, hormis le noir provoqué par le gel. Ses grosses feuilles fines ne fournissent qu'un ombrage partiel.

Écorce
Rose et brune. Lisse chez les jeunes arbres, elle s'exfolie en fines écailles grises chez les vieux spécimens.

Paulownia

Paulownia tomentosa

Fleurs campanulées de 4 à 5 cm, violettes à bleu violacé, au parfum délicat, s'ouvrant en panicules avant les feuilles à la fin du printemps à partir de boutons formés à l'automne.

Grosses feuilles ovoïdes opposées de 10 à 35 cm de long et de 10 à 25 cm de large, acuminées, profondément échancrées en cœur à la base ; 1 ou 2 paires de lobes triangulaires, mais marge entière ; fines et molles, gris mat dessus, plus claires au revers ; pubescentes ; pétiole de 10 à 15 cm de long.

Rameaux courts et épais, bruns et velus jeunes, aplatis au niveau des petits bourgeons groupés par 2.

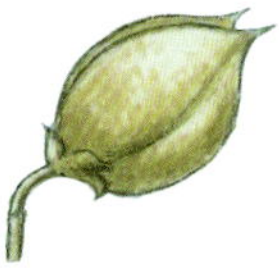

Fruit en capsule ligneuse pointue de 4 à 5 cm, s'ouvrant dès le premier automne pour libérer une grande quantité de petites graines ailées.

Arbre à feuilles caduques

Originaire du nord de la Chine, le paulownia a été introduit tôt au Japon d'où il a été rapporté en Europe dans les années 1830. C'est un arbre à croissance rapide dont les rameaux de l'année sont très vigoureux. S'ils ne sont pas rabattus avant les gelées automnales, ils épaississent rapidement et donnent un bois à grain fin utilisé pour confectionner des ustensiles délicats (les baguettes qu'utilisent les Asiatiques pour manger par exemple). Cet arbre dont l'ombre n'est pas très épaisse est utilisé en arboriculture pour abriter des cultures plus basses. Il est largement cultivé en Europe à des fins ornementales. On peut lui donner une forme arbustive. S'il est rabattu, il donne au printemps des pousses de 2 à 3 m de long couvertes de feuilles énormes atteignant 60 cm de largeur. Les gelées printanières endommagent parfois les fleurs, et les feuilles tombent à l'automne dès les prémices du froid hivernal. Le genre doit son nom à la princesse Anna Paulovna, fille du tsar Paul Ier de Russie. Bien que cet arbre ressemble au catalpa (p. 218), les deux genres sont généralement classés dans des familles distinctes. Tous deux sont néanmoins considérés proches de l'ancêtre commun aux deux familles.

C'est mises en valeur par un fond sombre, ou encore vues de dessus, que les fleurs du paulownia sont le plus impressionnantes. Cet arbre à croissance rapide a un port en coupole.

ÉCORCE
Grise ou violette, rayée de gris ; lisse.

Platane à feuilles d'érable

Platanus x *hispanica*

Feuilles alternes, de forme variable, de 20 cm de long et 23 cm de large, palmatilobées ; chacun des 5 lobes principaux découpés en quelques dents séparées par des sinus arrondis ; base en coin ou en cœur, le limbe se prolongeant souvent sur le pétiole ; vert brillant dessus, plus pâles au revers ; pétiole élargi à la base, couvrant le bourgeon jusqu'à l'automne.

Fruit en boule brune hérissée de 2 à 3,5 cm de diamètre, composée de nombreux akènes, suspendue par groupes de 2 à 6.

Rameaux vert-jaune et bruns, brillants, puis brun rougeâtre ou gris ; bourgeons coniques atteignant 1 cm de long.

ESPÈCE VOISINE
Platane d'Orient
Platanus orientalis
Feuilles plus profondément lobées que *P.* x *hispanica*.

Arbre à feuilles caduques

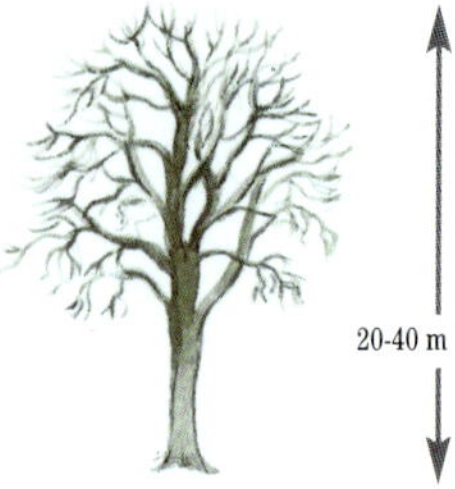

Cette espèce serait un hybride du platane d'Orient (voir ci-dessous) et du platane d'Occident originaire de l'est de l'Amérique du Nord, aux feuilles moins profondément lobées. Il a la vigueur des hybrides et donne rapidement un bel arbre. Ses graines sont fertiles et donnent des plants combinant les caractéristiques des deux espèces d'origine, avec une multitude de formes distinctes. Il supporte bien les conditions de vie urbaines, y compris la pollution atmosphérique et un élagage excessif, et pousse bien sur des sols très divers. Les feuilles ont une belle couleur rousse à l'automne. Elles se décomposent très lentement. La pubescence des jeunes feuilles provoque parfois des réactions allergiques. De bonne qualité, le bois du platane est utilisé pour faire des lambris. Comme le rappelle son nom commun, ce platane fut longtemps connu sous l'appellation *P.* x *acerifolia*, en raison de la ressemblance de ses feuilles avec celles de certains érables, dont l'érable sycomore (*Acer pseudoplatanus*, p. 226) et l'érable plane (*Acer platanoides*, p. 228).

Le platane d'Orient vient de Grèce, de Bulgarie, de Chypre et de Turquie, voire plus à l'est encore en Asie. C'est un arbre des fonds de vallée, où il pousse sur les terres graveleuses humides mais bien drainées, ce qui lui permet de survivre aux étés torrides.

Le platane est associé dans nos esprits aux places et aux avenues des grandes villes, où ce bel arbre se marie bien avec l'architecture urbaine.

ÉCORCE
Lisse, s'exfoliant en grosses plaques, surtout à l'automne, révélant un endoderme crème qui brunit lentement ; plus épaisse et écailleuse à la base des vieux troncs, où elle ne s'exfolie pas.

Liquidambar, copalme d'Amérique

Liquidambar styraciflua

Feuilles alternes de 7 à 15 cm de long et de 9 à 17 cm de large, découpées en 5, plus rarement 7, lobes oblongs à ovoïdes, acuminés et séparés par de profonds sinus aigus ; marge aux petites dents arrondies en crochets ; dessus vert mat, revers plus pâle et brillant ; pétiole de 5 à 15 cm de long, épaissi à la base (0,5 à 1 cm).

Rameaux brun verdâtre à brun grisâtre à maturité, parsemés de bourgeons pointus vert brillant de 0,5 cm.

Fruit globuleux pendant de 2,5 à 3 cm de diamètre composé de nombreuses capsules munies d'un bec et libérant à maturité 1 ou 2 graines noires et ailées.

Arbre à feuilles caduques

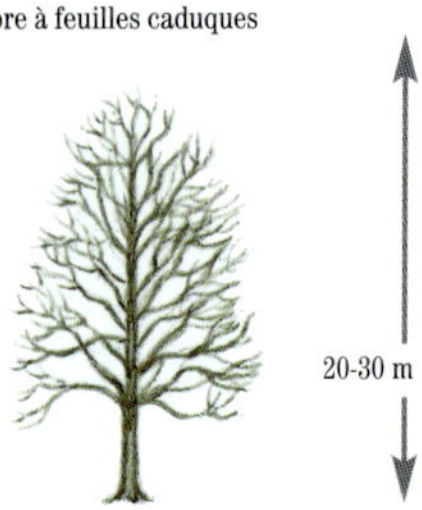

Cet arbre est originaire de l'est des États-Unis, du Connecticut à l'Illinois à l'ouest et à la Floride et au Texas au sud. Il pousse également à l'état naturel dans le nord et l'est du Mexique. Les arbres de la partie la plus méridionale de cette aire ont parfois un feuillage persistant si le climat est doux, arborant leurs belles couleurs automnales très tardivement. Le nom latin du genre fait référence à la résine que l'on peut extraire de l'écorce, utilisée par les tanneurs pour parfumer les peaux et qui faisait autrefois office de chewing-gum. Les feuilles exhalent une bonne odeur balsamique lorsqu'on les froisse. On prélevait à l'origine la résine sur *L. orientalis*, un arbre plus petit poussant dans l'ouest et le sud-ouest de la Turquie et à Rhodes. Le liquidambar ressemble à première vue à plusieurs érables, dont l'érable sycomore (voir p. 226), dont il se distingue cependant par ses feuilles et ses bourgeons alternes disposés en vrille, alors qu'ils sont opposés sur les érables. Le liquidambar est en fait plus proche du platane (p. 222), dont il diffère toutefois par la marge dentée de ses feuilles et son écorce écailleuse. En outre, la base du pétiole n'enserre pas le bouton.

Le liquidambar est un bel arbre planté isolément, particulièrement resplendissant à l'automne lorsque ses feuilles virent au vermillon. Les jeunes arbres (comme ci-dessus) ont un port conique ou colonnaire, alors que les vieux ont une haute cime en ombrelle.

Écorce
Grise, souvent parcourue de lambeaux liégeux sur les jeunes arbres, puis rugueuse et creusée de fins sillons écailleux sur les vieux spécimens.

Sycomore, érable sycomore, érable faux-platane

Acer pseudoplatanus

Samare double composée de 2 gros ovaires renflés aux ailes élargies au sommet, tournoyant comme l'hélice d'un hélicoptère.

Feuilles opposées de 10 à 20 cm de long comme de large (plus grosses sur les rameaux vigoureux), palmatilobées, avec 3 gros lobes et 2 petits triangulaires, acuminés et séparés par d'étroits sinus aigus ; marge grossièrement dentée ; vert terne dessus, glauques au revers, parcourues d'un réseau de petites nervures des deux côtés ; pétiole de 4 à 17 cm de long contenant une sève aqueuse.

Fleurs groupées en grosses grappes pendantes s'épanouissant avec la foliaison.

Rameaux brun verdâtre parsemés de bourgeons pointus de 0,5 à 1 cm recouverts d'écailles vertes, brunes au sommet.

Espèce voisine

Érable d'Italie, duret *Acer opalus*
Lobes des feuilles plus étroits et moins dentés que ceux de l'érable sycomore.
Fleurs d'un joli jaune apparaissant sur les branches nues au début du printemps.

Arbre à feuilles caduques

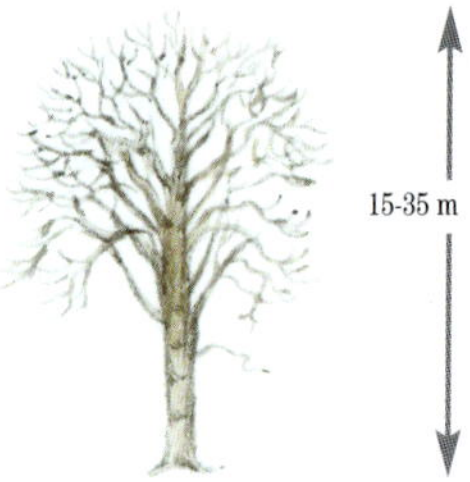

L'érable sycomore pousse à l'état naturel du nord de l'Espagne à l'ouest jusqu'au sud de l'Allemagne, ainsi que dans toute l'Europe centrale et méridionale, jusqu'au nord de la Turquie, et dans le Caucase jusqu'à la mer Caspienne. En France, il n'est natif que dans le centre et l'est du pays, et en Espagne sur le littoral atlantique uniquement. Introduit très tôt en Grande-Bretagne, il s'est naturalisé sur toute l'île. Ses samares ailées contribuent à la vaste dissémination de ses graines par le vent. Chaque graine donne d'abord un grand cotylédon, puis des feuilles normales. Les graines appréciant les sols fraîchement retournés, elles germent très facilement dans les parcs et les jardins, au grand dam des jardiniers. L'érable sycomore est un arbre très résistant qui supporte les sols pauvres, les intempéries et les mauvais traitements de la vie urbaine. Son feuillage est généralement couvert de taches de goudron produites par un champignon, de sorte qu'il se contente de jaunir modérément à l'automne. Son bois de bonne qualité est utilisé pour la confection de lambris et de violons.

Acer opalus est natif du sud et de l'est de l'Espagne, du sud-est de la France, du sud de la Suisse, des Balkans, d'Italie et d'Afrique du Nord. Son feuillage ressemble beaucoup à celui de l'érable sycomore, dont il se distingue toutefois lors de sa floraison printanière : en effet, ses fleurs et ses fruits forment des grappes nettement plus petites.

Après avoir longtemps arboré un port conique et hérissé, l'érable sycomore développe à maturité une majestueuse couronne en dôme.

Écorce
Lisse et gris argent ou brune, craquelant de plus en plus avec l'âge, puis finissant par s'exfolier en écailles de 10 à 20 cm de long et de 5 à 10 cm de large.

Érable plane, érable blanc

Acer platanoides

Feuilles opposées de 7 à 14 cm de long et de 8 à 20 cm de large, palmatilobées, avec parfois une paire de petits lobes supplémentaire à la base ; lobes découpés de quelques dents pointues, séparés par des sinus arrondis ; dessus vert mat, revers plus clair ; pétiole contenant une sève laiteuse, à la base élargie et enveloppant le rameau qui le porte.

Fruits groupés par 2, chacun des ovaires aplatis de 1 cm prolongé par une aile de 3 à 4 cm.

Fleurs s'épanouissant avant la foliaison au début du printemps, en corymbes dressés vert-jaune.

Rameaux brun verdâtre à brun rougeâtre et brillants la seconde année.

Bourgeons arrondis verts ou rouges de 0,7 cm.

Arbre à feuilles caduques

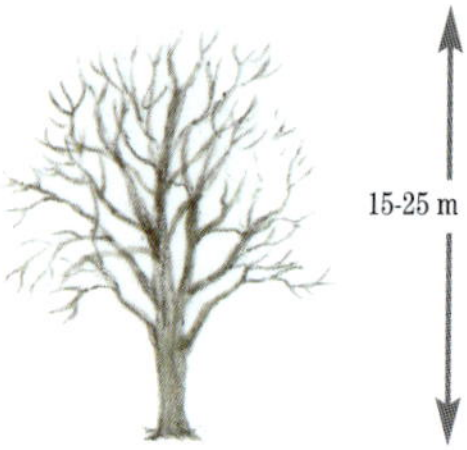

Cet érable est indigène dans les plaines d'Europe septentrionale, du sud-est de la Norvège au sud de la Suède et jusqu'en Russie, son aire s'étendant au sud jusqu'aux Balkans, au centre de l'Italie et au nord de l'Espagne. En France, il est natif dans l'est du pays. Il ne pousse pas à l'état naturel en Grande-Bretagne. Largement planté, il se naturalise facilement, bien qu'il soit moins envahissant que l'érable sycomore (p. 226). Ses feuilles ressemblent à celles de l'érable sycomore et du platane à feuilles d'érable (p. 222), dont il se distingue cependant par la sève laiteuse qui s'écoule du pétiole lorsqu'on casse une jeune feuille en deux. Il est en fait plus proche de l'érable champêtre (p. 232) et de l'érable de Cappadoce (p. 230). L'érable plane a donné naissance à un grand nombre de cultivars, au feuillage pourpre notamment. Le meilleur en ce sens (la couleur pourpre étant éphémère) est 'Shwedleri', mais 'Crimson King' et 'Goldworth's Purple', dont le feuillage pourpre vif au printemps ternit en été avant d'être illuminé par les teintes d'automne, sont cependant plus courants. Toutes les formes pourpres ont également des bractées pourpres autour de leurs fleurs jaunes.

La couronne en coupole de l'érable plane est particulièrement jolie lorsque l'arbre est en fleur au début du printemps. La photo ci-dessus illustre un jeune spécimen en feuillage d'automne au port hérissé typique. Cet arbre d'ornement supporte les difficiles conditions de la vie urbaine.

Écorce
Grise ou brun-gris rosé, lisse au début puis plissée, se creusant de fissures peu profondes avec l'âge.

Érable de Cappadoce

Acer cappadocicum

Feuilles opposées de 8 à 12 cm de long et de 12 à 16 cm de large, découpées en 5 à 7 lobes triangulaires acuminés, mais sans dents marginales, et séparés par des sinus brusquement pointus ; dessus vert mat, revers plus pâle ; pétiole contenant une sève laiteuse.

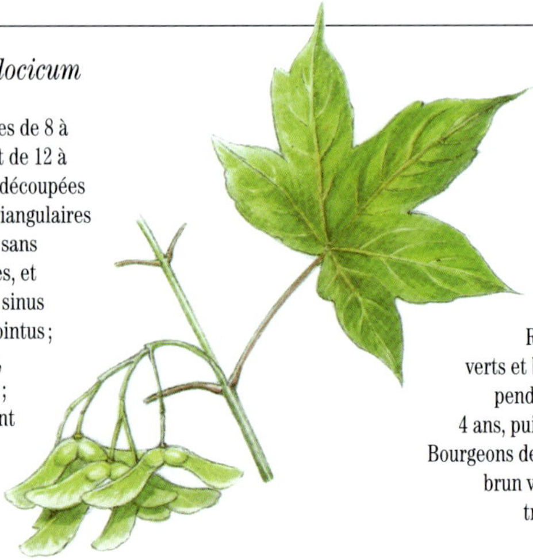

Rameaux verts et brillants pendant 3 ou 4 ans, puis bruns. Bourgeons de 0,4 cm, brun verdâtre, tronqués.

Samare double composée de 2 ovaires aplatis de 1 cm de long bordés d'une aile de 2 cm.

ESPÈCE VOISINE
Érable de Lobel *Acer lobelii*
Lobes des feuilles chiffonnés et souvent dentés ; rameaux plus épais que ceux de l'érable de Cappadoce, pruineux les premières années. Écorce vert grisâtre creusée de sillons peu profonds chez les spécimens âgés.

Arbre à feuilles caduques

Cet érable est originaire de l'est de la Turquie et de la région du Caucase jusqu'au nord de l'Iran. Il doit son nom à la province éponyme du centre de la Turquie. Selon certaines sources, son aire de distribution inclurait aussi une région s'étendant de l'ouest de l'Himalaya jusqu'au centre de la Chine. On y trouve en effet des arbres similaires, se distinguant toutefois par leurs lobes plus petits et beaucoup plus profonds, par l'absence de drageons et leur écorce creusée de sillons plus profonds. Bien que l'on considère souvent ces arbres comme la sous-espèce *sinensis*, ils forment vraisemblablement une espèce à part entière. L'érable de Cappadoce est un arbre d'ornement assez courant : ses fleurs sont assez discrètes, mais son feuillage automnal est d'un jaune beurre très pâle, seulement égalé peut-être par celui du ginkgo (p. 14). La forme cultivée la plus commune est le cultivar 'Rubrum' aux feuilles rougeâtres lorsqu'il est jeune. 'Aureum' aux feuilles jaune pâle à jaune d'or est moins fréquent. C'est la seule espèce d'érable à produire des drageons à partir de ses racines.

A. lobelii est originaire quant à lui du sud de l'Italie. Avec son port dressé étroit, c'est un arbre d'alignement parfait que l'on trouve aussi dans les parcs. Ses rameaux pruineux lui donnent par ailleurs un surcroî t d'intérêt.

L'érable de Cappadoce est un arbre de taille petite à moyenne à la couronne arrondie. Il est entouré de drageons issus de ses racines. La photo ci-dessus illustre le cultivar 'Aureum'.

ÉCORCE
Grise et un peu rugueuse.

Érable champêtre, acéraille

Acer campestre

Feuilles opposées de 7 à 16 cm de long et autant de large, palmatilobées, chacun des 5 lobes séparé par des sinus ouverts et découpé à son tour en petits lobes ; feuilles pubescentes des deux côtés, mates dessus, plus pâles au revers ; pétiole contenant une sève laiteuse.

Fleurs jaunes, discrètes, s'épanouissant après les premières feuilles.

Fruits en doubles samares ; akènes aplatis prolongés par de larges ailes atteignant 2,5 cm.

Rameaux pubescents jeunes, puis glabres et bruns dès l'automne, parcourus alors de lignes pâles, puis de sillons liégeux. Bourgeons coniques brun foncé de 0,3 cm.

Espèce voisine
Érable de Montpellier
Acer monspessulanum
Petites feuilles trilobées de 3 à 6 cm de long et de 4 à 7 cm de large.

Arbre à feuilles caduques

Généralement 10 à 12 m de hauteur, parfois jusqu'à 15 - 25 m.

L'érable champêtre est le seul érable natif d'Angleterre et du pays de Galles. Endémique jusqu'au nord-est de l'Espagne au sud, dans toute l'Europe méridionale, jusqu'au nord de la Turquie et au Caucase, il pousse également dans une petite région d'Afrique du Nord ainsi qu'au Danemark, mais est absent du reste de la Scandinavie. Son bois rouge durable peut être tourné, mais il n'est pas disponible en grande quantité. Comme celui d'autres érables, son feuillage peut servir de fourrage. Cette espèce est actuellement en vogue à titre ornemental en raison de sa jolie parure jaune automnale. Il pousse sur des sols très divers. On peut également planter l'érable champêtre pour constituer des haies, car il supporte bien la taille. Les nouvelles pousses sont alors souvent pourpres ou roses pendant quelques jours, ce qui égaie une haie bien taillée.

L'érable de Montpellier est originaire d'Europe méridionale (à l'exception de l'ouest de l'Espagne et du Portugal), et on le trouve jusqu'en Turquie, dans le Caucase et en Afrique du Nord. Il est bien adapté aux climats chauds. Bien qu'il présente quelques similitudes avec l'érable champêtre, il n'en est pas très proche. La sève qui s'écoule de son pétiole n'est d'ailleurs pas laiteuse, mais aqueuse.

L’érable champêtre est plus courant dans les haies que dans les bois. Il forme souvent des arbres à plusieurs tiges, mais peut également développer un port plus altier s’il est étayé par d’autres arbres.

Écorce
Brun grisâtre et pâle, fonçant avec l’âge et craquelant en petites écailles carrées.

Érable du Japon, érable palmé

Acer palmatum

Feuilles opposées en forme d'éventail de 6 à 12 cm de long et de 5 à 9 cm de large, se découpant en 5 à 7 lobes séparés par d'étroits sinus profonds qui se prolongent jusqu'à mi-distance de la nervure centrale ; marge bordée de fines petites dents pointues ; face supérieure vert mat aux nervures saillantes, revers vert clair brillant ; fin pétiole de 2,5 à 5 cm, contenant une sève aqueuse et engainant le bourgeon à la base.

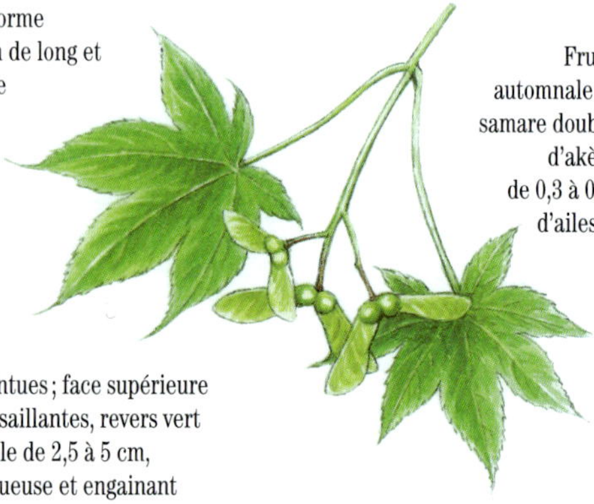

Fruit à maturité automnale annuelle, en samare double composée d'akènes arrondis de 0,3 à 0,5 cm bordés d'ailes de 1 à 2 cm.

Fins rameaux verts ou pourpres portant des bourgeons coniques verts groupés par 2. Pas de bourgeon terminal.

Fleurs rouges ou pourpres s'épanouissant avec la foliaison au printemps à l'extrémité de courts rameaux latéraux.

Arbre à feuilles caduques

Cette espèce est indigène dans les îles de l'archipel japonais, où elle pousse essentiellement dans les montagnes. On la trouve également à l'état naturel sur le continent asiatique, en Corée et dans le nord-est et le centre de la Chine. C'est un arbre ornemental apprécié pour sa superbe parure automnale dans les tons de rouge, orange ou jaune pâle. Les Japonais qui l'apprécient depuis des siècles en ont sélectionné de nombreuses formes, dont certaines aux feuilles tronquées, d'autres aux feuilles pourpres, ou bien normalement vertes, ou encore des formes naines aux feuilles originales. Les formes aux feuilles tronquées sont arbustives, tandis que celles aux feuilles pourpres donnent de petits arbres. La couleur pourpre est produite par un excès de xanthocyanine, un pigment qui masque la couleur verte habituelle.

La plupart des feuillus produisent de la xanthocyanine, mais en principe seulement dans les nouvelles feuilles. Les formes à feuilles pourpres sont sélectionnées de façon à conserver une forte teneur en xanthocyanine. Le taux de pigment varie toutefois, de sorte que dans la plupart de ces formes les feuilles virent au vert-pourpre terne au cours de l'été, ne retrouvant leur éclat qu'à l'automne. Certains cultivars, tel le 'Bloodgood' américain, restent plus longtemps pourpres que les autres.

L'érable du Japon a une couronne arrondie bien fournie. Bien qu'il s'agisse généralement d'un petit arbre, poussant naturellement à l'étage inférieur (comme sur la photo ci-dessus), il lui arrive d'atteindre 15 m de hauteur dans les sites humides et protégés.

Écorce
Vert-gris, lisse, s'exfoliant en lambeaux chez les jeunes arbres ; grise ou brun grisâtre et légèrement fissurée sur les vieux spécimens.

Érable argenté

Acer saccharinum

Feuilles arrondies et opposées de 8 à 15 cm de long et autant de large, découpées en 5 lobes séparés par de profonds sinus étroits ; marge souvent doublement et irrégulièrement dentée ; face supérieure vert brillant, aux nervures saillantes, revers blanc argenté ; pétiole de 5 à 15 cm contenant une sève aqueuse.

Fruit atteignant sa maturité à la fin du printemps et germant immédiatement, porté par un fin pédoncule de 3 à 5 cm ; graines bordées de larges ailes arrondies de 3 à 5 cm.

Rameaux verts marqués d'anneaux roses au niveau des feuilles la première année, puis bruns à pourpre brunâtre à maturité. Bourgeons rouges ou verts, pointus et légèrement anguleux atteignant 1 cm.

Fleurs rouges ou rouge verdâtre, s'épanouissant à partir de boutons latéraux alors que l'arbre est encore dénudé au début du printemps.

Espèce voisine

Érable à sucre *Acer saccharum*
Feuilles semblables à celles de l'érable plane (p. 228), mais elles ne sont pas bordées de grosses dents hérissées de poils ; sève du pétiole aqueuse et non laiteuse.

Arbre à feuilles caduques

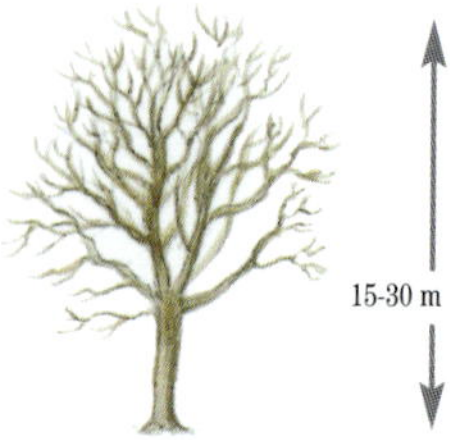

L'érable argenté est originaire de l'est de l'Amérique du Nord, jusqu'au Minnesota et au sud de l'Ontario au nord, jusqu'au Nouveau-Brunswick à l'est, et enfin jusqu'au nord de la Floride et à l'est de l'Oklahoma au sud. En Europe, c'est un arbre ornemental à croissance rapide. Ses branches fragiles sont souvent cassées par le vent en fin d'été lorsqu'elles sont chargées de feuilles. Le fruit mûrit à la fin du printemps, une adaptation aux sites marécageux qu'il occupe dans la nature. En effet, ces endroits sont inondés en automne et en hiver, lorsque la plupart des arbres disséminent leurs graines. Ils s'assèchent en revanche à la fin du printemps, tout en conservant une humidité suffisante pour permettre aux graines de s'établir avant les pluies automnales.

L'érable à sucre est la principale espèce exploitée pour le sirop. Sa feuille est l'emblème que l'on retrouve sur le drapeau du Canada. Ces arbres stockent en effet de l'énergie sous forme de sucres dans leurs racines et leurs troncs, qu'ils acheminent vers leurs rameaux sous forme de sève pour produire de nouvelles feuilles. Cette sève contient environ 2,5 % de sucre. Une fois recueillie, on la concentre en la faisant bouillir. L'érable rouge (non illustré) est un proche parent de l'érable argenté, mais il arbore un feuillage plus rouge à l'automne.

L'érable argenté est un bel arbre à croissance rapide, idéal pour les parcs et les jardins, dont la couronne forme une belle coupole arrondie.

Écorce
Gris argent et lisse, elle se fissure chez les vieux spécimens et forme d'épaisses écailles ; on trouve souvent des drageons à la base du tronc.

Alisier des bois

Sorbus torminalis

Feuilles alternes, ovoïdes, mesurant 6 à 14 cm de long et autant de large, à la base tronquée, arrondie ou en cœur, découpées en une paire de lobes triangulaires près de la base, puis plusieurs petits lobes triangulaires ou grosses dents de taille décroissante au fur et à mesure que l'on s'approche de la pointe aiguë ; marge finement dentée ; face supérieure vert profond lustré, revers vert pâle soyeux, avec 5 ou 6 nervures saillantes ; pétiole de 2,5 à 5 cm.

Fleurs blanches de 1,5 cm de diamètre, à 5 pétales étalés, groupés en corymbes de 5 à 12 cm de diamètre ; 20 étamines et 2 styles ; floraison en juin ; très parfumées (odeur désagréable pour certains).

Fruit ovoïde à globuleux de 1 à 1,5 cm, devenant vert-roux ou brun à maturité et couvert de nombreux petits pores (lenticelles).

Rameaux verts et laineux jeunes, devenant glabres et brun brillant ; bourgeons globuleux ou ovoïdes de 0,4 à 0,6 cm, vert brillant, couverts de poils bruns à l'extrémité.

Arbre à feuilles caduques

15-25 m

L'alisier des bois pousse à l'état naturel depuis le sud de l'Angleterre jusqu'au Maroc, à l'Algérie et même à la Turquie, en passant par l'Europe centrale et méridionale. Une autre forme, considérée comme une variété ou parfois une espèce distincte, pousse de l'est de la Turquie jusque dans le Caucase et le nord de l'Iran. L'alisier des bois est très différent des autres espèces du genre *Sorbus*, de sorte qu'il est souvent considéré comme un genre à part entière, *Torminaria*. En effet, la découpe des feuilles en lobes ressemble davantage à celle des aubépines *(Crataegus)* qu'à celle du genre *Sorbus*. Les fruits ou alises sont comestibles bien mûrs, mais grumeleux avant. Le qualificatif latin *torminalis* fait référence aux vertus médicinales de la plante dans le traitement des coliques et de la dysenterie.

Le bois est utilisé pour la facture d'instruments de musique, l'ébénisterie et la confection de petites pièces d'encastrement. Il n'est disponible ni en grande taille ni en grande quantité. Chez nous du moins, l'alisier des bois se reproduit essentiellement par drageons. On a d'ailleurs mesuré des drageons d'une longueur égale à deux fois la hauteur de l'arbre. Des croisements avec d'autres espèces de *Sorbus*, l'allier *(S. aria)* notamment, ont donné des hybrides comme *S. intermedia*.

L'alisier des bois pousse occasionnellement dans les bois et les haies, mais rarement en grand nombre. Il prend en vieillissant un port en coupole.

ÉCORCE
Lisse, brun foncé ou grise chez les jeunes arbres, puis elle se fissure et se détache en fines écailles avec l'âge.

Sorbier des oiseaux, sorbier des oiseleurs

Sorbus aucuparia

Fleurs s'épanouissant à la fin du printemps en gros glomérules terminaux de 10 à 15 cm de diamètre, composés de nombreuses petites fleurs crème dont l'odeur est désagréable pour certains.

Feuilles pennées alternes atteignant 20 cm de long et 12 cm de large et comptant 13 à 15 folioles ovales oblongues de 3 à 7 cm de long et de 1,5 à 2,3 cm de large, portées directement par le pétiole central, à l'exception de la foliole terminale ; marge grossièrement dentée ; face supérieure vert mat, revers plus clair et généralement couvert de poils blancs.

Fruit en forme de citrouille de 0,6 à 0,9 cm, mûrissant à partir du mois d'août et passant ce faisant du vert à l'orange puis au rouge écarlate

Rameaux verts parsemés de rares poils blancs au départ, brun grisâtre la deuxième année. Bourgeons ovoï des à coniques de 1 à 1,7 cm couverts de poils blancs.

Arbre à feuilles caduques

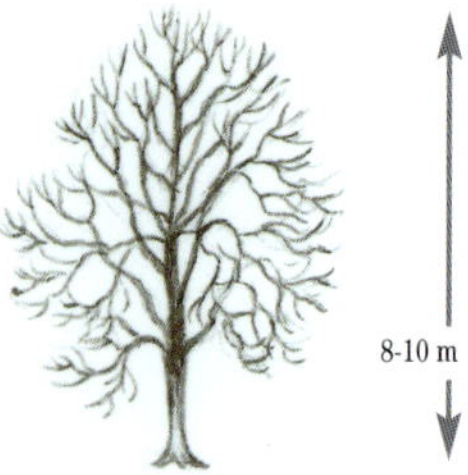

Le sorbier des oiseaux est indigène dans toute l'Europe, jusqu'au Caucase, à l'Atlas en Afrique du Nord, ainsi que dans toute la Sibérie et jusqu'en Chine, où la situation se complique : en effet, on considère généralement que les sorbiers qui poussent à l'est de la Sibérie forment une espèce voisine, mais certains botanistes les traitent comme une sous-espèce. Les quelques sorbiers des pics montagneux de Madère sont eux aussi tantôt classés comme une sous-espèce, tantôt comme une espèce distincte.

Cet arbre est avec le bouleau blanc l'un des derniers à pousser juste avant la limite supérieure de la forêt en montagne. On plante également le sorbier des oiseaux à titre ornemental dans les parcs et jardins et le long des rues et avenues. Ce petit feuillu est aussi une essence forestière utilisée essentiellement en bordure des plantations pour adoucir leurs lignes géométriques, mais aussi pour attirer les oiseaux et autres animaux sauvages. Les fruits de ce sorbier sont très prisés des oiseaux (d'où le nom commun de l'espèce) et des petits mammifères qui en dépouillent les arbres avant l'automne. Ils sont d'ailleurs employés par les oiseleurs comme appâts. Une fois égrenés, les fruits du sorbier permettent également de préparer une gelée.

Le sorbier des oiseaux est un arbre typique des landes que l'on trouve également en plaine, dans les forêts de feuillus et de conifères. Il a un port dressé, plutôt conique, mais les vieux arbres ont une cime plus arrondie.

Écorce
Lisse, gris brillant ou gris argent, brunissant avec l'âge et se creusant de sillons écailleux à la base du tronc.

Cormier

Sorbus domestica

Feuilles pennées alternes atteignant 25 cm de long, souvent un peu pendantes, composées de folioles oblongues de 3 à 6 cm de long ; les trois quarts supérieurs de la marge sont dentés, le quart inférieur est entier ; dessus des feuilles vert-jaune foncé, revers plus clair, parsemé de poils blancs.

Grosses inflorescences de 10 à 14 cm de diamètre, composées de fleurs de 1,3 à 1,8 cm aux pétales blancs.

Fruit de 2,5 à 3 cm en forme de poire ou de pomme, couleur feuille morte ou verte tachetée de rouge.

Rameaux brun foncé dessus et verts dessous. Bourgeons ovoïdes atteignant 1 cm de long, vert brillant, couverts de nombreuses écailles.

Arbre à feuilles caduques

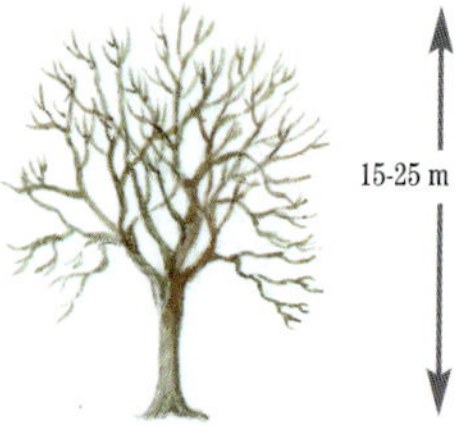

Le cormier pousse à l'état sauvage du sud-ouest de la France jusqu'au Caucase et en Turquie à l'est, et jusqu'au Maroc et en Algérie au sud. On s'est longtemps demandé si l'espèce était indigène dans le sud de la Grande-Bretagne. Un vieux cormier de la forêt de Wyre (mort aujourd'hui) était le principal argument pour considérer que l'espèce était endémique. Toutefois, au début des années 1990, un certain nombre d'arbustes poussant sur les falaises du sud du pays de Galles ont été étudiés de façon plus approfondie : il s'est avéré qu'il s'agissait de cormiers, et non de sorbiers des oiseaux, comme on le croyait auparavant. Ces plantes réduites par leur habitat à une forme arbustive poussant à l'état naturel, leur existence a confirmé le caractère endémique de l'espèce, certes rare, dans le sud de la Grande-Bretagne.

Le feuillage du cormier ressemble beaucoup à celui du sorbier des oiseaux, mais les fruits et les fleurs des deux espèces sont très différents. L'écorce du cormier est similaire à celle de l'alisier des bois (p. 238), et son fruit contient des cellules grumeleuses semblables à celles que renferment les poires. Cet arbre étant un peu à part dans le genre *Sorbus*, il serait peut-être préférable de créer un autre genre, *Cormus*. Certains spécialistes l'appellent d'ailleurs *Cormus domestica*. Le fruit amer à maturité ne devient tendre et doux qu'une fois trop mûr.

Le cormier est un arbre de taille moyenne à grande à la couronne en coupole et aux branches étalées. On le trouve généralement dans les forêts de feuillus.

Écorce
Marron clair ou brune et orange. Elle se fissure et craquelle en écailles rectangulaires en vieillissant.

Frêne

Fraxinus excelsior

Feuilles pennées opposées de 20 à 35 cm de long, comptant 9 à 13 folioles fines et acuminées de 5 à 12 cm de long et de 2 à 3 cm de large, non pétiolées, à la base en coin asymétrique, à l'exception de la foliole terminale, pétiolée et à la base en coin symétrique ; dessus des feuilles vert mat, dessous plus clair marqué de nervures pubescentes et saillantes.

Rameaux brun verdâtre, aplatis à l'extrémité et derrière les bourgeons ronds et noirs.

Fruit atteignant 3,5 cm au total, composé de plusieurs samares simples disposées en vrille, aux ailes tronquées parallèles. Maturation annuelle automnale.

Fleurs vertes et pourpres sans pétales s'épanouissant en mars issues de boutons latéraux à la base des rameaux de l'année précédente. Fleurs dioï ques.

Arbre à feuilles caduques

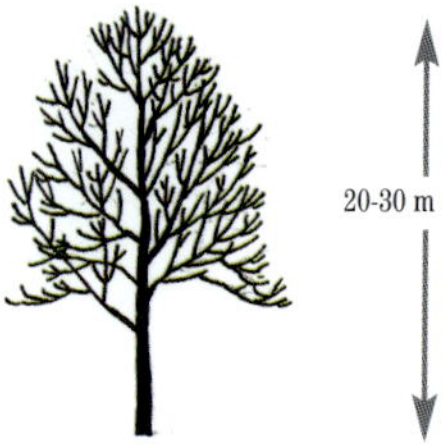

Le frêne est endémique en Grande-Bretagne (sauf dans le nord de l'Écosse), en Norvège, en Suède, puis au sud jusqu'au nord de l'Espagne, à l'est dans toute l'Europe centrale et méridionale jusqu'au nord de la Turquie et au Caucase. Il pousse à des altitudes plus élevées que la plupart des autres grands feuillus et supporte les sols pauvres. On trouve toutefois les plus beaux spécimens en plaine, dans les forêts où il grandit rapidement sur les sols riches, limoneux et argileux sur substrat calcaire. Son bois blanc est très apprécié pour la fabrication de manches d'outils, de parquets et de lambris. Il absorbe bien les teintures. Il brûle correctement même lorsqu'il est vert, bien qu'il soit bien sûr préférable de le laisser sécher un été. Les feuilles pennées aux nombreuses petites folioles laissent pénétrer la lumière de sorte que son ombre n'est pas très épaisse.

Le frêne a donné naissance à un grand nombre de cultivars, dont plusieurs à port pleureur et une forme, 'Jaspidea', dont l'écorce est marquée de raies jaunes longitudinales. La forme la plus troublante est 'Diversifolia', dont les feuilles n'ont souvent qu'une seule foliole, ou plus rarement 3 à 5. Les bourgeons noirs et ronds caractéristiques que portent les rameaux aplatis au niveau des nœuds rappellent qu'il s'agit bien d'un frêne, et pas d'une autre espèce.

Le frêne est courant dans les haies, les bois et sur les berges des cours d'eau. Ses feuilles pennées (voir ci-contre) donnent une ombre peu épaisse, mais les racines superficielles limitent la présence de plantes à l'étage inférieur. Cet arbre est en effet doté d'un système réticulaire superficiel fibreux qui dessèche la couche supérieure du sol et pompe l'essentiel de l'eau et des matières nutritives au détriment des autres plantes environnantes.

Écorce
Grise ou brun grisâtre, lisse chez les jeunes arbres, puis se creusant de fissures entrelacées avec l'âge.

Frêne à fleurs, orne, arbre-à-manne

Fraxinus ornus

Feuilles pennées opposées de 20 à 30 cm de long, composées de 5 à 9 folioles de 5 à 10 cm de long et de 2 à 4 cm de large, de forme très variable (lancéolées à ovoïdes), à la pointe arrondie ou brusquement acuminée, à la base en coin à arrondie ; marge finement dentée ; dessus vert foncé mat, revers plus pâle marqué de nervures brunes, pubescentes et saillantes.

Fleurs aux pétales blancs à crème, latérales et terminales, s'épanouissant à la fin du printemps sur des rameaux feuillés.

Rameaux verts, aplatis au niveau des gros bourgeons arrondis brun grisâtre.

Fruits de 1,5 à 2,5 cm au total, groupant des samares simples étroites et oblongues, brunissant à maturité dès le premier automne.

Arbre à feuilles caduques

Le frêne à fleurs est indigène dans le sud-est de l'Europe, sur les côtes méditerranéennes et de la mer Noire à la Turquie occidentale, c'est-à-dire des régions aux étés chauds et secs et aux hivers humides. Cette espèce fait partie d'une petite section du genre *Fraxinus* dont les fleurs ont des pétales. C'est de fait un bel arbre lorsqu'il est en fleur, mais comparé au frêne commun et au frêne à feuilles étroites, il est carrément resplendissant. Ses bourgeons brun grisâtre arrondis mais mucronés permettent de le distinguer aisément tout au long de l'année de ces deux autres espèces de frêne.

Il est possible de recueillir la manne, c'est-à-dire la sève du frêne à fleurs, en pratiquant des entailles dans l'écorce des jeunes arbres : la sève très sucrée qui s'écoule se solidifie à l'air. Elle contient notamment du manitol, un laxatif léger couramment utilisé. Contrairement à la légende, les juifs n'ont pas pu se nourrir de manne lors de la traversée du Sinaï, car le frêne à fleurs ne pousse pas dans ces régions.

On greffe souvent le frêne à fleurs sur des racines de frêne commun afin de produire rapidement un plant commercialisable. L'écorce du frêne à fleurs est toutefois différente de celle du frêne commun.

Le frêne à fleurs est resplendissant en mai lorsqu'il est couvert de fleurs blanc crème. Il a à tout âge une couronne en parasol.

Écorce
Gris foncé et lisse, se fissurant légèrement à la base avec l'âge.

Frêne à feuilles étroites

Fraxinus angustifolia

Feuilles pennées opposées ou disposées par 3 de 15 à 20 cm de long, composées de 7 à 13 folioles espacées de 3 à 9 cm de long et de 0,8 à 2 cm de large, lancéolées et acuminées, à la marge dentée ; face supérieure verte ou vert bleuté, brillante ; revers mat, vert blanchâtre, glabre mais ponctué de glandes minuscules sur la nervure centrale.

Rameaux brun olive à gris-vert, parsemés de bourgeons ovoï des pointus brun foncé de 0,6 cm.

Fruit oblong à lancéolé de 2 à 4,5 cm, à maturité annuelle automnale.

ESPÈCE VOISINE
Frêne oxyphylle
Fraxinus oxyocarpa
Feuille divisée en 7 à 19 folioles ovales étroites parsemées de poils blancs le long de la nervure médiane au revers.

Arbre à feuilles caduques

15-30 m

Le frêne à feuilles étroites est natif depuis l'ouest du Bassin méditerranéen jusqu'au centre de l'Europe méridionale, au Maroc et à l'Algérie. Si les petites folioles forment généralement une couronne légère, celles du frêne à feuilles étroites, bien qu'elles soient espacées, sont si nombreuses que cet arbre donne une belle ombre dense. La disposition des feuilles et des bourgeons de *Fraxinus*, qui sont opposés, permet de distinguer aisément les frênes des autres arbres aux feuilles pennées, tel le sorbier des oiseaux. Les feuilles de frêne sont souvent groupées par 3 sur les rameaux vigoureux et par 2 seulement sur les rameaux plus menus. Les feuilles du cultivar 'Velthamii' sont réduites à une seule grande foliole, comme celles de la forme 'Diversifolia' du frêne commun (p. 244). On l'identifie toutefois à sa marge grossièrement dentée, à son écorce et à ses bourgeons qui sont brun foncé à gris anthracite, mais pas noirs.

Le frêne oxyphylle pousse à l'état naturel du sud-est de l'Europe jusqu'au Caucase. D'un point de vue botanique, il est très proche du frêne à feuilles étroites, au point que les deux espèces sont parfois confondues. On plante essentiellement la forme 'Raywood' à l'écorce grise et lisse et à la couronne arrondie très feuillue. À l'automne, son feuillage devient prune, tandis que la plupart des frênes arborent tout au plus une robe dorée, si tant est qu'ils changent de couleurs.

Le frêne à feuilles étroites a une couronne arrondie très dense composée de nombreuses petites folioles. Certains arbres sont greffés sur des frênes communs (p. 244) au-dessus du sol, de façon à faire ressortir le contraste entre les deux écorces (comme ici sur la partie ombragée du tronc).

ÉCORCE
Gris foncé à noire, se creusant de profondes fissures formant de petites écailles carrées. Les très vieux spécimens sont souvent noueux.

Noyer commun

Juglans regia

Rameaux épais, lisses, brun foncé ; fendus en deux dans le sens de la longueur, ils révèlent une moelle lamelliforme. Bourgeons ovoï des, pointus, couverts de 2 écailles.

Feuilles pennées alternes de 20 à 45 cm de long, composées de 5 à 9 (rarement 13) folioles ovales de 20 cm de long et 10 cm de large, plus grosses vers l'extrémité de la feuille ; marge généralement entière ; face supérieure vert terne, revers vert clair brillant avec des touffes de poils blancs à l'intersection des nervures.

Chatons mâles jaunes de 5 à 10 cm issus de boutons latéraux et s'épanouissant à la foliaison. Fleurs femelles à l'extrémité des rameaux de l'année.

Fruit globuleux à l'épaisse enveloppe verte qui s'ouvre à maturité dès le premier automne pour libérer la noix ligneuse et pointue de 4 à 5 cm de long.

ESPÈCE VOISINE
Noyer noir *Juglans nigra*
Feuilles de 30 à 60 cm composées de 9 à 23 folioles de 6 à 13 cm à la marge finement dentée.

Arbre à feuilles caduques

Le noyer commun est probablement indigène du sud-est de l'Europe jusqu'à l'Asie centrale et le long de l'Himalaya jusqu'au sud-ouest de la Chine. Toutefois, il est cultivé depuis fort longtemps pour ses noix, de sorte qu'il n'est peut-être pas endémique dans toutes ces régions. Quoi qu'il en soit, il forme à lui seul d'immenses forêts pures en Asie centrale, dans les États de l'ancienne Union soviétique, l'Azerbaï djan notamment, où il est vraisemblablement naturel. En revanche, il a de toute évidence été introduit dans l'ouest de l'Europe. Outre ses noix, il est également prisé pour son bois marron foncé joliment veiné qui fut longtemps utilisé pour les placages et les crosses de fusil. En 1709, un hiver très rigoureux décima les noyers d'Europe. À partir de cette époque-là, on importa d'Amérique du Nord le noyer noir, plus sombre, au grain droit. Les meubles en noyer commun véritable (ce bois prend en se patinant une très belle teinte doré clair) datent donc généralement d'avant 1709.

Le noyer noir est originaire de l'est de l'Amérique du Nord, du Dakota du Sud et de la Nouvelle-Angleterre jusqu'en Floride et au Texas. Ses feuilles sont plus grosses que celles du noyer commun, de taille plus régulière et finement dentées.

Le noyer commun a une très belle cime arrondie avec généralement des branches radiales issues d'un tronc court. Il ne supporte pas l'ombre. Cet arbre produit des substances chimiques qui inhibent la croissance des autres plantes.

ÉCORCE
Lisse et brillante chez les jeunes arbres, elle se creuse ensuite de profonds sillons séparés par de larges plaques lisses.

Ptérocaryer du Caucase

Pterocarya fraxinifolia

Rameaux lisses et bruns, révélant lorsqu'on les fend longitudinalement une moelle lamelliforme. Bourgeons portant des feuilles nues miniatures, pas d'écailles.

Feuilles pennées alternes de 20 à 50 cm de long, composées généralement de 15 à 21 folioles de 5 à 12 cm de long et de 4 à 5 cm de large, oblongs et acuminés, de plus en plus gros en direction de l'extrémité conique de la feuille ; marge bordée de dents arrondies irrégulières ; face supérieure vert mat, revers plus clair et brillant, ponctué de noir.

Chatons mâles jaunes de 5 à 12 cm apparaissant à la foliaison. Fruit formant un épi pendant de 25 à 50 cm de long composé de nombreuses noix de 1 cm portant 2 ailes arrondies.

ESPÈCES VOISINES

Ptérocaryer de Chine *Pterocarya stenoptera* Marge des folioles finement dentée, rachis des folioles largement ailé.

Hickory, noyer d'Amérique, caryer blanc *Carya ovata* Feuilles composées de 5 folioles seulement, les 3 de l'extrémité étant nettement plus grosses. Chatons mâles groupés par 3 sur un pédoncule commun. Brou de la noix déhiscent en 4 valves.

Arbre à feuilles caduques

Le ptérocaryer du Caucase pousse dans les forêts des bords de la mer Caspienne dans le nord de l'Iran et du Caucase. En Europe, on plante isolément à titre ornemental ce bel arbre à croissance rapide et adapté aux sols humides. Il est également apprécié pour son bois utile. Le nom latin *Pterocarya* fait référence au fruit de cet arbre. En effet, *ptero* signifie « aile » en grec et *carya* est le nom d'un genre apparenté, celui du noyer d'Amérique ou hickory. Les deux ailes de ses fruits contribuent à la dissémination des graines. On distingue aisément le ptérocaryer du hickory à sa moelle lamelliforme, comme celle du noyer commun.

Les trois genres (*Juglans, Carya* et *Pterocarya*) sont très proches. *Pterocarya stenoptera* est pour sa part originaire de Chine et du nord du Vietnam. Il ressemble au ptérocaryer du Caucase, dont il diffère cependant par les longues ailes étroites de ses fruits et par l'absence de drageons. Les arbres du genre *Carya* sont quant à eux indigènes en Amérique du Nord et en Chine. Contrairement au noyer et au ptérocaryer, leurs chatons mâles sont groupés par trois sur un pédoncule commun. Leur bois souple résiste très bien aux chocs brutaux ; il est couramment utilisé pour confectionner des manches d'outils. Comme celles du noyer, mais à la différence de celles du ptérocaryer, ses noix sont généralement comestibles. La meilleure est celle du pacanier, *Carya illinoinensis.*

Un seul ptérocaryer du Caucase suffit généralement pour former une forêt : ses racines produisent en effet une profusion de drageons. Avec ses épis fructifères pendants, ce bel arbre est décoratif durant pratiquement tout l'été. Son feuillage jaunit en automne.

Écorce
Gris terne, lisse sur les jeunes arbres, puis se creusant de fissures entrelacées peu profondes.

Laquier

Rhus verniciflua

Grosses feuilles alternes pennées de 30 à 60 cm, composées de 7 à 19 folioles ovoï des, larges et espacées de 10 à 20 cm de long et de 5 à 10 cm de large, acuminées, à la marge entière ; vert frais lustré dessus, revers velouté, couvert d'un court duvet, en particulier sur les 16 à 30 paires de nervures.

Rameaux épais gris pâle, à la surface rendue rugueuse par les pores saillants. Bourgeons ovoï des marron de 1 cm, mucronés.

Fruit sec en drupe comprimée de 0,8 cm, couleur marron crème à jaune brillant.

Arbre à feuilles caduques

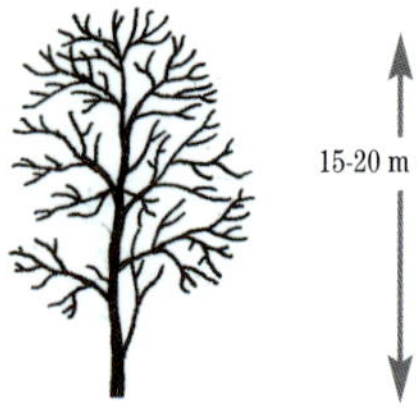

Espèce voisine
Sumac de Virginie, sumac amarante *Rhus typhina*
Folioles lancéolées à la marge bordée de fines dents pointues. Belles panicules terminales denses de fleurs rouges, donnant de grosses grappes de fruits rouges.

Le laquier est originaire des vallées arides de la chaî ne de l'Himalaya, depuis l'Inde jusqu'en Chine. Il est peut-être également endémique dans d'autres régions du Sud-Est asiatique et du Japon, à moins qu'il n'y ait été introduit très tôt.

La laque utilisée pour vernir les meubles et les objets décoratifs du Japon et de l'Extrême-Orient en général est obtenue à partir du suc de cet arbre. Il suffit de pratiquer des entailles en V peu profondes dans l'écorce pour recueillir la précieuse matière dans de petits récipients. La photographie ci-contre illustre cette opération entreprise sur des sumacs dans le sud-est du Tibet. Le suc recueilli contient un certain nombre de produits chimiques complexes, dont l'urushiol, que la peau absorbe très vite et qui se fixe ensuite sur les cellules de l'organisme. Une semaine plus tard environ apparaissent de douloureuses ampoules, réaction des cellules de défense de l'organisme (les cellules T) qui s'efforcent d'éliminer les éléments contaminés par les substances toxiques.

Le sumac amarante vient en revanche de l'est de l'Amérique du Nord, où il forme un arbre de petite taille (5 à 10 m de hauteur comme de diamètre). Il drageonne beaucoup et, comme le laquier, arbore de superbes couleurs à l'automne. Ses rameaux épais et pubescents rappellent les jeunes bois veloutés des cervidés.

Conique et hérissé jeune, le laquier donne à maturité un bel arbre au port dressé et à la couronne en coupole. Son feuillage vert brillant arbore de beaux tons de rouges à l'automne.

ÉCORCE
Gris foncé à chamois, fissurée et un peu écailleuse sur les vieux spécimens. Les entailles que l'on voit sur la photo ont été pratiquées pour recueillir le suc qui donne la laque du Japon (voir texte ci-contre).

Ailanthe glanduleux, faux vernis du Japon

Ailanthus altissima

Feuilles pennées alternes de 30 à 60 cm, atteignant parfois 90 cm de long, composées de 11 à 41 folioles ovoï des à oblongues de 7 à 15 cm de long et de 3,5 à 6,5 cm de large, et terminées par une longue pointe en vrille où les folioles sont généralement plus petites ; marge translucide et entière, 1 à 3 paires de glandes à la base des folioles ; face supérieure vert profond brillant, revers vert blanchâtre ; les feuilles froissées exhalent une odeur fétide.

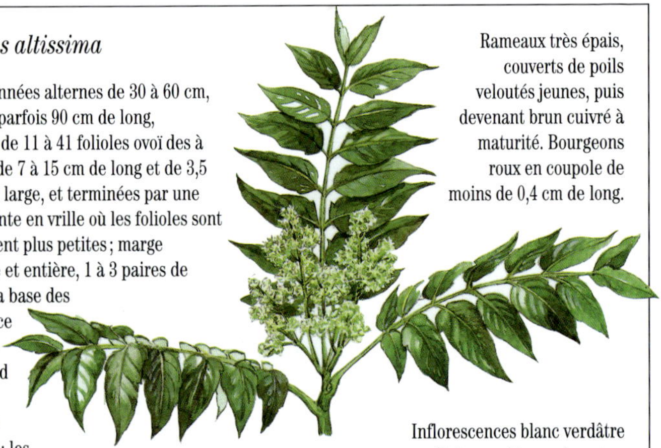

Rameaux très épais, couverts de poils veloutés jeunes, puis devenant brun cuivré à maturité. Bourgeons roux en coupole de moins de 0,4 cm de long.

Inflorescences blanc verdâtre dioï ques s'épanouissant en juillet à l'extrémité des pousses de l'année. Les fleurs mâles dégagent une odeur désagréable.

Seuls les arbres femelles donnent des fruits, formant de grosses grappes de 30 cm composées de nombreuses graines enchâssées au milieu d'une aile torsadée rouge ou vert vif de 3,5 à 4 cm environ.

Arbre à feuilles caduques

Natif du nord de la Chine, l'ailanthe glanduleux est abondamment cultivé en Europe pour son joli feuillage. Il s'accommode de sols pauvres et ne craint pas l'atmosphère polluée. C'est un bel arbre à la saison des fruits, surtout si ses graines ont des ailes rouge vif. Il trace beaucoup, des drageons surgissant fréquemment de la couche supérieure du sol. Les branches sont un peu cassantes. Son bois tendre est utilisé en papeterie.

Le genre *Ailanthus,* qui réunit une demi-douzaine d'espèces, a une vaste aire de répartition, depuis l'Inde et la Chine jusqu'en Australie en passant par l'Asie du Sud-Est. Le nom scientifique de l'ailanthe glanduleux fait référence à son appellation molluquoise, qui signifie « très haut » (*altissima* en latin). Elle doit en revanche son nom commun aux glandes qui se trouvent à la base des folioles. Il s'agit en fait de nectaires, c'est-à-dire de glandes extra-florales qui sécrètent un liquide sucré (le nectar) récolté par les fourmis. En contrepartie, les fourmis éloignent les chenilles et autres insectes mangeurs de feuilles. Les feuilles, rameaux et fleurs, les fleurs mâles en particulier, exhalent tous une odeur fétide, mais ces éléments sont généralement situés bien au-dessus du nez des individus.

L'ailanthe glanduleux a une cime arrondie au feuillage fourni au sommet d'un long tronc. On plante ce bel arbre ornemental dans les parcs et les jardins, et le long des rues.

Écorce
Lisse, brun grisâtre à marron foncé, parcourue de lignes blanches sur les jeunes arbres, puis se creusant de fissures chamois ou grises peu profondes avec l'âge.

Érable negundo, érable à feuilles de frêne

Acer negundo

Feuilles pennées opposées atteignant 20 cm de long et 15 cm de large, composées de 5 à 7 folioles mesurant chacune jusqu'à 10 cm de long et 6,5 cm de large ; marge grossièrement dentée, face supérieure vert clair mat, revers diversement pubescent, parcouru de nervures saillantes.

Fruits en grappes pendantes sur les arbres femelles seulement ; doubles samares aux ailes étroites.

Rameaux souvent pruineux au départ, parfois pubescents, restant verts pendant plusieurs années. Bourgeons ovoïdes de 0,3 à 0,5 cm de long.

ESPÈCE VOISINE

Érable à écorce papyracée *Acer griseum*
Feuilles de 10 cm de long et 14 cm de large, composées de 3 folioles, sur de fins rameaux brun foncé et velus dès le départ, avec des bourgeons pointus couleur chocolat. Doubles samares pendantes réunies par groupes de 3. Graine arrondie munie d'une enveloppe épaisse et pubescente et d'une grande aile.

Arbre à feuilles caduques

10-15 m

L'érable negundo est originaire de l'Amérique du Nord où il pousse du littoral atlantique à la Californie. Cet érable de taille moyenne connaît une brève heure de gloire lorsque ses fleurs pendantes illuminent ses rameaux nus, ce qui est du plus bel effet, sur les arbres mâles notamment. Le reste du temps, il ne présente en revanche guère d'intérêt. Il existe plusieurs variétés aux belles couleurs très appréciées sous leur forme arbustive.

Acer griseum est quant à lui natif de la Chine centrale. C'est un merveilleux petit arbre qui atteint 6 à 8 m de hauteur, voire davantage s'il est placé à l'abri et sur un sol fertile. Son écorce brun-rouge, cuivrée ou marron s'exfolie en lambeaux fins comme du papier, révélant une belle couleur orangée. Les branches et le tronc commencent à se dénuder lorsque l'arbre atteint l'âge de 3 ou 4 ans. À ce moment-là, le bois est orange jusqu'à la cime de l'arbre. À l'automne, les feuilles arborent de magnifiques teintes rouges, orange et cramoisies. Les fleurs jaunes sont en revanche très discrètes. Cet érable à la croissance assez lente pousse enfin sur des sols très divers.

L'érable negundo donne généralement un petit arbre à la cime aplatie et aux branches étalées. La photo ci-dessus représente un arbre aux belles couleurs.

Écorce
Brun grisâtre et lisse, fonçant avec l'âge et se creusant de fissures peu profondes.

Caroubier

Ceratonia siliqua

Feuilles paripennées (pas de foliole terminale centrale) et alternes de 12 à 30 cm de long ; folioles oblongues de 2 à 8 cm de long et de 1 à 4,5 cm de large, généralement disposées en 2, 3 ou 4 paires, plus rarement jusqu'à 6, les folioles étant parfois elles-mêmes pennées ; marge entière mais souvent sinuée ; face supérieure vert brillant, revers gris terne.

Grappes de 20 à 60 fleurs brunes s'épanouissant de juillet à novembre sur les plus vieilles branches ou sur le tronc. Espèce généralement dioïque.

Rameaux gris, fins et velus lorsqu'ils sont jeunes.

Fruit en gousse oblongue de 10 à 30 cm de long et de 1,5 à 3,5 cm de large, brunissant à maturité, contenant une pulpe gélatineuse sucrée et 10 à 16 graines brunes et brillantes.

Arbre à feuilles persistantes

Si le caroubier est abondamment cultivé sur tout le pourtour méditerranéen (et uniquement dans ces régions), il est difficile de déterminer précisément l'aire de distribution naturelle de cet arbre des zones de naturalisation. L'espèce est probablement originaire de l'est du Bassin méditerranéen, la Turquie et la Palestine étant ses terres natales les plus probables. Elle prospère dans les régions chaudes et arides et ne supporte pas les hivers froids de l'Europe septentrionale. La pulpe dans laquelle sont enchâssées les graines dans les gousses est sucrée et nutritive. Les gousses sont principalement utilisées pour nourrir le bétail ou encore en papeterie. Les graines sont d'un poids assez régulier (0,2 g environ) de sorte qu'elles servaient autrefois d'unité de mesure, le carat, toujours utilisé pour les diamants. Elles constituent par ailleurs un substitut du cacao.

Le nom générique de cet arbre vient du grec *keras*, « corne », qui fait sans doute référence à l'enveloppe dure et épaisse qui protège les graines. On retrouve la kératine, à la base chimique identique, dans les ongles des humains.

Le caroubier est un petit arbre à la cime aplatie et étalée.

Écorce
Brune et sillonnée, souvent parsemée de fleurs ou de fruits poussant à même le tronc.

Robinier faux-acacia, acacia blanc

Robinia pseudoacacia

Feuilles pennées alternes de 15 à 30 cm de long, composées de 9 à 19 folioles ovales de 2,5 à 6 cm de long, brièvement mucronées, à la marge entière ; face supérieure bleu-vert à vert-jaune, revers vert grisâtre, pubescentes sur les deux faces au début. Base du pétiole engainant le bourgeon.

Fleurs papilionacées blanches et odorantes (rappelant celles des pois) s'épanouissant en juin, groupées en grappes pendantes de 10 à 20 cm de long à l'extrémité des rameaux de l'année.

Rameaux brun foncé et sillonnés, les plus épais portant de fortes épines arquées de part et d'autre des bourgeons ; petits bourgeons engainés dans la base du pétiole.

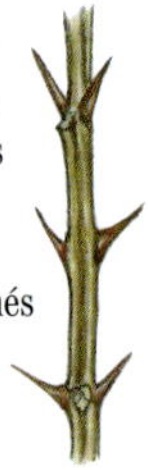

Fruit en gousse plate atteignant 5 cm de long, passant du pourpre au brun en mûrissant et contenant 3 à 14 graines aplaties brun foncé.

Arbre à feuilles caduques

15-25 m

Le robinier est natif en Amérique du Nord, où il pousse naturellement dans un triangle allant de la Pennsylvanie à l'Ohio et à l'Alabama, ainsi que sur une bande distincte s'étendant du sud du Missouri à l'est de l'Oklahoma. Il prospère sur les sols légers et sablonneux, mais pousse également sur les terrains plus lourds s'ils sont bien drainés. Il s'est naturalisé dans de nombreuses régions aux étés chauds. Sur les surgeons vigoureux de cet arbre qui drageonne beaucoup, chaque feuille ou bourgeon est généralement protégé par une paire d'épines pointues, dérivées des stipules que l'on trouve à la base des feuilles de nombreux feuillus. On rencontre fréquemment des stipules sur les jeunes rameaux de certaines espèces, les *Betula, Carpinus* et *Tilia* notamment, mais ils sont rapidement caducs. Il arrive toutefois qu'ils soient persistants et feuillus, comme sur le saule marsault par exemple (p. 136).

Le robinier est par ailleurs une légumineuse dont les racines hébergent des bactéries capables de transformer l'air présent dans le sol en matières azotées. Son bois est de qualité correcte.

Si le robinier faux-acacia devient rapidement un grand arbre noueux à l'ample cime en coupole, il est rarement aussi vieux qu'il en a l'air.

Écorce
Lisse et brune sur les jeunes arbres, elle devient rugueuse et gris foncé, creusée de sillons grossiers en vieillissant.

Sophora du Japon

Sophora japonica

Feuilles pennées alternes de 15 à 25 cm de long, composées de 9 à 15 folioles ovoïdes de 3 à 6 cm de long et 2 à 3,5 cm de large ; marge entière ; face supérieure glabre vert mat, revers vert bleuté ou blanchâtre, couvert de poils blancs et soyeux.

Rameaux verts pendant plusieurs années. Petits bourgeons cachés dans la base du pétiole.

Fleurs papilionacées blanc crème de 1,5 cm de long environ, s'épanouissant en août-septembre et formant de grosses grappes à l'extrémité des rameaux de l'année.

Fruit en gousse velue de 5 à 8 cm de long, présentant un étranglement entre les 1 à 6 graines.

Arbre à feuilles caduques

Le sophora du Japon est originaire du nord de la Chine, où il constitue l'un des rares grands feuillus qui supportent la sécheresse hivernale et printanière locale. Il pousse peut-être aussi à l'état naturel au Japon, mais il semblerait plutôt qu'il y ait été introduit lorsque ce pays embrassa le bouddhisme, car il abrite souvent de son ombrage les abords des temples et des pagodes. Cet arbre fut ensuite introduit en Europe depuis le Japon au cours du XVIIIe siècle. Bien que l'on classe souvent cette espèce dans le genre *Sophora*, les études les plus récentes suggèrent de le ranger dans un nouveau genre, *Styphnolobium*. C'est l'une des nombreuses légumineuses aux fleurs papilionacées, c'est-à-dire dont la corolle est composée de 5 pétales inégaux, la carène formée de deux éléments, une aile de chaque côté et un étendard au sommet. On trouve des fleurs similaires sur l'arbre de Judée (p. 202), le robinier faux-acacia (p. 262) et le cytise. Le sophora du Japon a besoin d'un été chaud et ensoleillé pour que ses fleurs s'épanouissent. Sa floraison est en effet bien moins éclatante par un été humide, et les jeunes arbres ne fleurissent généralement pas. S'il présente l'originalité d'une floraison tardive, cet arbre n'arbore en revanche pas de belles couleurs automnales.

Le sophora du Japon a une couronne en coupole. À la fin de l'été, ses fleurs blanc crème ressortent bien sur son feuillage verdoyant.

Écorce
Brun foncé ou grise, plissée ou creusée de larges sillons.

Févier à trois épines, févier d'Amérique

Gleditsia triacanthos

Feuilles alternes de taille et de forme variables, généralement pennées, composées de 14 à 36 folioles de 2,5 à 4 cm de long et de 0,8 à 1,5 cm de large, à moins qu'elles ne soient bipennées, avec quelque 8 pennules, chacune composée de 11 paires de petites folioles de 2 cm de long environ ; vert clair à vert moyen, devenant jaune d'or vif à l'automne.

Rameaux verts au départ, rapidement bruns ou brun grisâtre, portant parfois des épines (voir ci-dessous). Petits bourgeons coniques brun orangé.

Fleurs en panicules pendantes vert-jaune ; espèce dioï que.

Fruit en gousse contournée brun foncé à noire de 15 à 40 cm de long, renfermant de nombreuses graines brunes aplaties enchâssées dans une pulpe sucrée.

Arbre à feuilles caduques

Le févier à trois épines est originaire de l'Amérique du Nord, natif d'une région délimitée par le Dakota du Sud, le sud de l'Oregon et la Pennsylvanie au nord et le sud-est du Texas et le nord de la Floride au sud. Il est apprécié pour l'ombre légère agréable que fournissent ses feuilles profondément divisées. La forme sauvage est protégée par d'imposantes épines tripennées atteignant 20 cm de long qui parsèment ses rameaux, mais aussi son tronc où elles forment de gros bouquets. Attention à ces beaux atours qui peuvent s'avérer dangereux si l'arbre est planté en bordure de route. La sélection a permis de créer des formes sans épines, comme var. *inermis*, préférables comme arbre d'ornement.

Le cultivar 'Sunburn' est une forme de var. *inermis* dont les feuilles nouvelles sont jaune d'or au printemps, puis vert-jaune à maturité. La pulpe sucrée et charnue dans laquelle sont enchâssées les graines n'a rien d'aléatoire. En effet, les gousses ne s'ouvrent pas, mais attendent d'être mangées par un gros mammifère. Les sucs gastriques décomposent l'épaisse enveloppe de la graine, qui finit par germer loin de la plante mère dans les excréments de l'animal.

Le févier est un grand arbre qui perd généralement ses feuilles inférieures, ce qui met son tronc en valeur. Ses feuilles arborent une belle teinte dorée à l'automne.

Écorce
Gris noirâtre gris-pourpre et rugueuse, puis écailleuse et parcourue de longs sillons étroits sur les vieux spécimens. Parfois parsemée d'épines tripennées.

Mimosa

Acacia dealbata

Feuilles bipennées (voir févier à trois épines, p. 266) de 10 à 15 cm de long et de 4 à 6 cm de large comptant un nombre pair de pennules (environ deux douzaines) de 3 à 4 cm composées d'une cinquantaine de paires de folioles de 0,3 à 0,4 cm ; feuilles vert-gris parsemées de poils soyeux, feuilles nouvelles brun doré.

Floraison en fin d'hiver en grappes odorantes de 7 à 15 cm à partir de boutons de l'année précédente ; petites fleurs globuleuses jaune vif de 0,5 à 0,6 cm de diamètre.

Rameaux verts pendant plusieurs années, couverts au départ de poils soyeux, anguleux à la base des feuilles ; petits bourgeons.

Fruit en gousse blanc bleuté de 4 à 10 cm de long, bruns à maturité dès le premier automne, présentant un étranglement entre les graines.

Arbre à feuilles persistantes

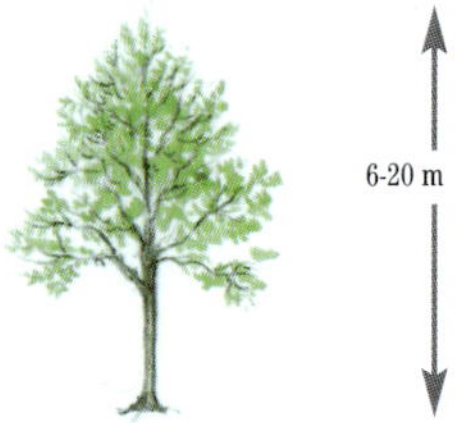

Originaire des États de la Nouvelle-Galles du Sud et de Victoria dans le sud-est de l'Australie ainsi qu'en Tasmanie, le mimosa est abondamment cultivé pour sa floraison hivernale dans les régions au climat tempéré de l'Europe. Si les hivers rigoureux arrêtent parfois sa croissance, voire ont raison de cet arbre, il repousse généralement soit en rejetant de souche, soit en drageonneant. Cet arbre est aujourd'hui très cultivé pour la fleur coupée, alors que le vrai mimosa appartient à un genre différent, qui n'est pas rustique en Europe. *Acacia dealbata* est une légumineuse dont les fleurs, comme celles de *Gleditsia* et de *Ceratonia*, ne sont pas papilionacées. L'attrait des fleurs du mimosa ne réside d'ailleurs pas dans leurs pétales, mais dans leurs étamines longuement saillantes.

Acacia est un genre important qui regroupe quelque 1 200 espèces différentes, courantes surtout en Australie et en Afrique. Ce sont notamment des arbres caractéristiques de la savane africaine. La plupart des espèces d'acacia portent de longues épines (dont le mimosa est heureusement exempt) issues des stipules (voir robinier faux-acacia, p. 262). Les acacias sont adaptés aux régions soumises à de longues périodes de sécheresse. Pour faire face à la pénurie d'eau, la plupart ne produisent pas de vraies feuilles mais des phyllodes, dont le limbe est remplacé par une expansion verte et coriace du pétiole.

Le mimosa est un arbre au port conique ou colonnaire et au joli feuillage. Il est splendide à la fin de l'hiver lorsqu'il s'illumine de ses multiples fleurs jaune vif.

Écorce
Vert bleuté et lisse sur les jeunes arbres, devenant ensuite chocolat et ondulée, puis grise ou noire sur les vieux spécimens.

Savonnier

Koelreuteria paniculata

Feuilles pennées atteignant 45 cm de long, roses, rougeâtres ou jaunâtres jeunes, composées de 5 à 6 paires de folioles souvent partiellement pennées à leur tour (en d'autres termes, partiellement bipennées, voir le févier à trois épines, p. 266).

Grosses panicules terminales de 20 à 40 cm groupant en août de nombreuses fleurs jaunes aux pétales en lanières.

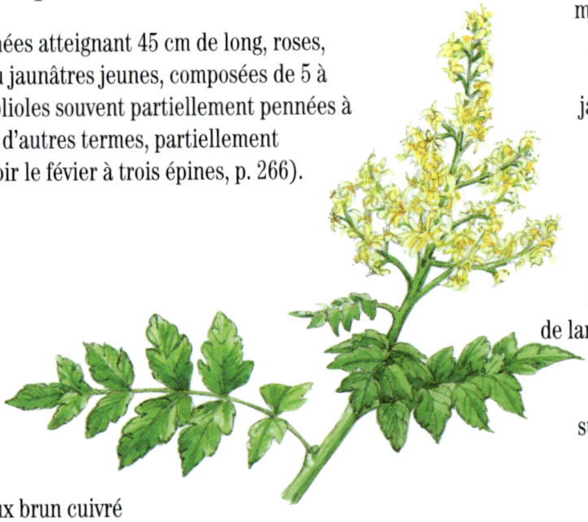

Folioles ovoï des mesurant jusqu'à 8 cm de long et 5 cm de large ; marge découpée en grosses dents arrondies ; face supérieure vert foncé, revers vert clair.

Rameaux brun cuivré jeunes, puis marron clair ; bourgeons coniques verts et bruns de 0,6 cm.

Fruit en capsule papyriforme renflée de 4 à 5 cm, composée de 3 valves contenant chacune une seule graine noir ou brun foncé de la taille d'un pois.

Arbre à feuilles caduques

Le savonnier est indigène en Chine, au Japon et en Corée. Le nom latin de cet arbre rend hommage à J. Koelreute, un naturaliste allemand du XVIIIe siècle originaire de Karlsbad, et le qualificatif *paniculata* décrit le type d'inflorescence, sorte de grappe composée, que produit cet arbre.

Le savonnier est un bel arbre ornemental très prisé en raison de sa floraison en août, à une période où les arbres en fleurs se font rares. Plus l'été est long et chaud, plus la floraison est belle, de sorte qu'il convient de le planter à l'endroit le plus ensoleillé du jardin. Ses grosses feuilles jaunissent à l'automne, passant de vert-pourpre à brun. Les graines qui font un bruit de crécelle dans leurs capsules sèches sont dispersées par le vent.

Du fait de ses branches étalées et de son tronc court, le savonnier a une cime arrondie. Ses grandes feuilles composées ne donnent qu'une ombre partielle.

Écorce
Brune ou brun-pourpre, rugueuse, parcourue d'étroites fissures orange.

Marronnier d'Inde

Aesculus hippocastanum

Fleurs blanches maculées de jaune ou de rouge, en grappes dressées atteignant 30 cm de long, s'épanouissant à l'extrémité des rameaux de l'année en avril-mai.

Feuilles composées palmées comptant 5 à 7 folioles ovoïdes arrondies à l'apex et à la marge en coin ; marge grossièrement dentée ; face supérieure vert mat, les nervures incluses, revers vert clair, couvert au départ de poils serrés roux qui tombent rapidement.

Rameaux épais brun foncé ou brun rosé, portant les traces en fer à cheval des cicatrices laissées par les feuilles tombées. Gros bourgeons pointus mesurant jusqu'à 2,5 cm et couverts d'une résine poisseuse.

Fruit à maturité dès le premier automne ; capsule épineuse contenant une ou plusieurs grosses graines marron atteignant parfois 5 cm de diamètre, portant une marque pâle à l'endroit où elles étaient attachées à la capsule.

Arbre à feuilles caduques

Le marronnier d'Inde est endémique dans une petite région du nord de la Grèce et du sud de l'Albanie où il a survécu jusqu'à la dernière glaciation. (Lorsqu'il a été introduit en Europe vers 1500, on pensait qu'il était originaire de Turquie.) Il s'est rapidement intégré au paysage arboricole européen et est aujourd'hui naturalisé dans de nombreuses régions de ce continent. Son nom latin fait référence à son fruit que l'on peut donner à manger aux animaux en petite quantité. Pour l'homme en revanche, il est amer et non comestible, mais il connaî t une utilisation limitée en parfumerie.

Pour le marronnier d'Inde, le printemps est une période d'activité intense. Les arbres adultes connaissent rarement une seconde foliaison. Si les premières feuilles tombent, ils attendent le printemps suivant pour en fabriquer de nouvelles. Les branches parsemées de gros bourgeons poisseux sont très décoratives dans un vase en hiver. Le bois du marronnier est tendre, facile à fendre et de qualité quelconque. Le marronnier à fleurs rouges *(Aesculus carnea)* constitue une espèce distincte, aux feuilles plus foncées.

Le marronnier d'Inde a une haute couronne en coupole qui se couvre au printemps de gros candélabres de fleurs. Son feuillage arbore de belles couleurs écarlates, jaune d'or, orange ou marron clair à l'automne.

Écorce
Brun-rouge ou brun grisâtre, lisse sur les jeunes arbres, mais développant d'épaisses écailles. Elle se fissure à la base du tronc sur les vieux spécimens.

Palmier de Chine, palmier chanvre

Trachycarpus fortunei

Feuilles circulaires ou flabelliformes atteignant 1,20 m de diamètre, au limbe divisé jusqu'au milieu ou presque jusqu'à la base en nombreux segments à nervure unique.

Pétiole atteignant 1 m de long, portant de petites épines.

Fleurs jaune d'or groupées en grosses grappes dressées à la base des feuilles. Fruit globuleux à réniforme de 1,2 cm, bleuâtre à maturité dès le premier automne, mais son exocarpe charnu brunit et devient cassant au cours de l'hiver.

Espèce voisine
Palmier nain
Chamaerops humilis
Feuilles flabelliformes atteignant 1 m de diamètre. Pétioles armés de puissantes épines.

Palmier à feuilles persistantes

Si le palmier de Chine est présent du sud de la Chine au nord du Vietnam et au nord-est de la Birmanie, il est tout de même peu probable qu'il soit indigène sur toute cette aire. Il est cultivé depuis des siècles pour les fibres qu'il produit à la base de ses feuilles et qui enveloppent la tige d'un réseau protecteur que l'on peut détacher en petites plaques, sorte de tissu non tissé naturel. Dans le Yunnan, la minorité ethnique des Yi s'en sert pour se protéger de la pluie. Les gens portent ces plaques de fibres sur leur dos, et la pluie glisse dessus comme sur un toit de chaume. Ces fibres sont également utilisées pour tisser divers produits. Bien que ce palmier soit le plus rustique de tous, il est néanmoins fragile jeune.

Le palmier nain est originaire de l'ouest du Bassin méditerranéen, où il pousse fréquemment dans le maquis aride qui borde la côte occidentale de l'Italie, dans le sud de l'Espagne et en Afrique du Nord. Le seul palmier indigène du continent européen atteint rarement la taille d'un arbre dans la nature. En revanche, cultivé, il mesure parfois jusqu'à 8 ou 9 m de hauteur. Il ressemble beaucoup au palmier de Chine mais s'en distingue aisément par sa forme buissonnante, ses tiges non ramifiées et les grosses épines dont sont armés ses pétioles.

Le palmier de Chine a une seule tige, ses feuilles étant groupées au sommet. Les feuilles vivantes se déploient vers le haut et vers l'extérieur tandis que les vieilles feuilles mortes sont pendantes.

Écorce
Couverte par la base fibreuse brun-rouge à brun terne des feuilles (voir photo). Dénudée, elle est grise et creusée des cicatrices des feuilles tombées.

Dattier des Canaries

Phoenix canariensis

Feuilles pennées atteignant 6 m de longueur, divisées en 150 à 200 segments opposés.

Pétiole épais, les folioles cédant la place à des épines à la base.

Fruit globuleux de 3 cm devenant orange à maturité, enveloppé d'un péricarpe sec et ridé.

ESPÈCE VOISINE
Cocotier plumeux *Syagrus romanzoffianum*

Écorce brun grisâtre et généralement lisse, portant de petites cicatrices laissées par les feuilles passées, ce qui contraste avec le sommet de la tige, vert et très lisse, formé par la base des feuilles encore en place.

Palmier à feuilles persistantes

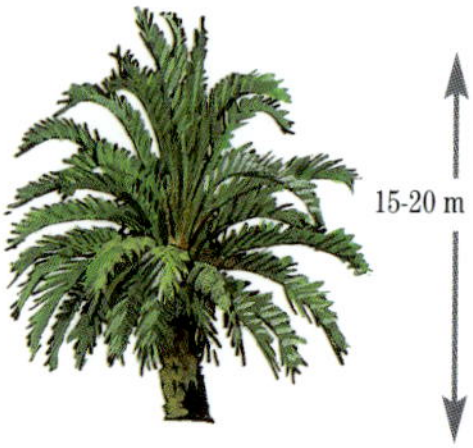

Comme son nom l'indique, le dattier des Canaries est originaire des îles Canaries. Il est abondamment planté à titre ornemental et donne des spécimens majestueux dont le tronc atteint 0,90 m de diamètre. C'est un proche parent du dattier vrai (p. 278), mais à la différence de celui-ci, il ne drageonne pas, ce qui facilite son entretien dans un jardin. En revanche, son fruit n'est pas comestible.

Les palmiers appartiennent à la grande famille des plantes monocotylédones, c'est-à-dire dont la graine ne produit en germant qu'un seul cotylédon. Les herbacées, les bambous, les orchidées et les plantes à bulbes comme les jonquilles sont tous des monocotylédones. L'une des caractéristiques de ces espèces réside dans leur stipe qui ne connaît pas d'épaississement secondaire. À la différence des autres plantes, leur tige a en effet son diamètre définitif dès sa formation. Elle ne peut s'épaissir par la production ultérieure de bois et d'écorce. Si un palmier traverse une période de disette, la portion du stipe produite à ce moment-là sera sans doute plus fine que la partie supérieure.

Syagrus romanzoffianum est natif du Brésil et de l'Argentine. On le cultive à titre ornemental en raison de sa forme originale dans les régions au climat doux. Il est parfois classé dans un genre propre et prend alors le nom d'*Arecastrum romanzoffianum.*

Avec son stipe trapu et ses longues feuilles finement divisées, le dattier des Canaries est un bel arbre ornemental.

Écorce
Masquée au départ par la base fibreuse des feuilles, elle s'avère à leur chute grise et rugueuse en raison des cicatrices laissées par celles-ci.

Dattier vrai, palmier dattier

Phoenix dactylifera

Palmier à feuilles persistantes

Le dattier vrai est originaire du Moyen-Orient, mais on le cultive depuis si longtemps qu'il est impossible de déterminer précisément son aire de distribution naturelle. Il prospère dans les régions arides et chaudes, dans la mesure où ses racines peuvent lui procurer l'humidité dont il a besoin. Délicieux crus, ses fruits (les dattes) constituent l'aliment de base de millions de personnes. Ils se prêtent facilement à la dessiccation. Leur teneur en sucre atteint alors 50 % ce qui permet de les conserver longtemps. Les feuilles de dattier mortes sont utilisées comme matériaux de couverture et pour le tissage. Son stipe donne un bois de qualité correcte, tandis que s'écoule des arbres fraîchement abattus une sève sucrée que l'on peut faire fermenter pour obtenir une boisson alcoolisée.

En Europe, le dattier vrai est essentiellement cultivé à des fins ornementales dans la douceur du littoral méditerranéen, mais il existe aussi des plantations à but commercial dans une petite région du sud-est de l'Espagne. Cette espèce n'a pas la grâce ni l'élégance de son parent le dattier des Canaries (p. 276) du fait de son stipe beaucoup plus fin qui dépasse rarement 0,30 m de diamètre. En outre, il drageonne, ce qui constitue un moyen de propagation parfois avantageux mais peu apprécié dans le cas d'arbres d'alignement notamment.

Le dattier vrai est un arbre à la tige fine entourée de rejets de souche.

Écorce
Masquée à l'origine par la base fibreuse des feuilles ; lorsque ces dernières tombent, elles font apparaî tre une écorce grise et rugueuse en raison des cicatrices laissées par leur chute.

Arbrisseaux et arbres de forme arbustive

Saule des rivages, saule drapé

Salix elaeagnos

Feuilles caduques ; atteint rarement 16 m de hauteur

Petit arbre ou gros arbrisseau

Caractéristiques : Rameaux couverts d'une épaisse pubescence grise ou blanc-jaune, puis brun-jaune à brun-rouge à maturité. Feuilles finement dentées de 5 à 13 cm de long et de 0,3 à 2,2 cm de large, fortement velues au départ et le restant au revers. Chatons apparaissant à la foliaison.

Aire de répartition : Originaire des lieux humides d'Europe, depuis l'Espagne et la France à l'ouest jusqu'à l'Ukraine et la Turquie à l'est.

Osier rouge

Salix purpurea

Feuilles caduques ; jusqu'à 5 m de hauteur

Arbrisseau ou petit arbre

Caractéristiques : Généralement rabattu ou cultivé en têtard pour qu'il produise en abondance ses rameaux rouges souples utilisés en vannerie. Feuilles très fines de 3 à 12 cm de long et de 0,3 à 0,8 cm de large. Fleurs en chatons s'épanouissant au printemps, avant la foliaison.

Aire de répartition : Espèce largement répandue sur les lieux humides d'Europe et d'Afrique du Nord, et à l'est jusqu'en Chine.

Saule amandier, osier brun, s. à 3 étamines

Salix triandra

Feuilles caduques ; jusqu'à 10 m de hauteur

Arbrisseau

Caractéristiques : Rameaux glabres d'un brun-vert ou brun-rouge brillant. Feuilles de 4 à 11 cm de long et 1,5 à 2,5 cm de large, grossièrement dentées, vert foncé brillant dessus et vert bleuâtre au revers. Les fleurs des chatons mâles s'épanouissant à la foliaison ont 3 *(tri)* étamines *(andra)*.

Aire de répartition : Pousse à l'état naturel sur les berges des cours d'eau d'Europe et d'Asie, à l'exception de l'extrême nord et de l'extrême sud des deux continents.

Saule des vanniers, osier blanc

Salix viminalis

Feuilles caduques ; jusqu'à 10 m de hauteur

Arbrisseau

Caractéristiques : rameaux nouveaux couverts d'un duvet gris, devenant vert-jaune ou olive à maturité. Feuilles serrées de 10 à 25 cm de long et de 0,5 à 2,5 cm de large, marquées de nombreuses (20 à 35) paires de nervures. Marge entière mais enroulée. Chatons s'épanouissant au printemps, avant la foliaison.

Aire de répartition : Abondamment planté dans les lieux humides pour la vannerie, mais indigène en Europe centrale uniquement ; naturalisé dans l'ouest de l'Europe.

Argousier

Hippophae rhamnoides
Feuilles caduques ; jusqu'à 13 m de hauteur
Arbrisseau ou petit arbre drageonnant

Caractéristiques : rameaux rigides gris argent terminés par une épine piquante. Feuilles à marge entière de 2,5 à 7,5 cm de long et de 0,3 à 0,7 cm de large, couvertes d'écailles serrées gris argent. Fruits très juteux orange à ambre de 0,6 à 0,9 cm, sur les arbres femelles uniquement.
Aire de répartition : Endémique dans des habitats particuliers, telles les dunes côtières ou les gravières, depuis la Grande-Bretagne jusqu'à l'ouest de la Chine.

Sureau noir

Sambucus nigra
Feuilles caduques ; jusqu'à 10 m de hauteur
Arbrisseau, très rarement petit arbre

Caractéristiques : Gros rameaux à moelle épaisse. Feuilles opposées pennées composées de 5 à 7 folioles de 4,5 à 7 cm de long et de 3 à 5 cm de large. Fleurs blanches en grosses ombelles terminales s'épanouissant en plein été, suivies de baies noires à l'automne. Fleurs et fruits peuvent être utilisés pour parfumer vins et cocktails.
Aire de répartition : Toute l'Europe, l'Afrique du Nord et l'ouest de l'Asie.

Cornouiller mâle

Cornus mas
Feuilles caduques ; jusqu'à 15 m de hauteur
Arbrisseau ou petit arbre

Caractéristiques : Fins rameaux velus verts ou rose-pourpre. Feuilles entières opposées de 4 à 10 cm de long et de 2 à 4 cm de large. Fleurs jaunes s'épanouissant à la fin de l'hiver. Fruit de 1,5 à 2,4 cm mûrissant à la fin de l'été. Il est alors oblong et couvert d'une enveloppe charnue sucrée avec laquelle on fait de la confiture.
Aire de répartition : Indigène dans le sud de l'Europe et l'est de l'Asie.

Aubour, cytise faux ébénier, pluie d'or

Laburnum anagyroides
Feuilles caduques ; jusqu'à 10 m de hauteur
Petit arbre

Caractéristiques : rameaux vert grisâtre couverts de poils soyeux gris et portant des feuilles alternes. Folioles entières de 3 à 8 cm couvertes jeunes de poils soyeux. Fleurs papilionacées en grappes pendantes peu serrées de 10 à 30 cm de long. Gousse contenant des graines noires toxiques. Bois noir à cœur.
Aire de répartition : Espèce endémique en Europe centrale et méridionale.

Amélanchier

Amelanchier laevis
Feuilles caduques ; jusqu'à 8 m de hauteur
Arbrisseau ou petit arbre

Caractéristiques : Fins rameaux brun olive, plus foncés la deuxième année. Feuilles de 2,5 à 5,5 cm de long et de 1,5 à 3,5 cm de large, bordées de dents triangulaires pointues. Fleurs blanches en petites grappes apparaissant avec la foliaison au printemps, suivies par de petits fruits pourpre noirâtre de 0,6 à 0,8 cm qui mûrissent en juin ou juillet.
Aire de répartition : Espèce originaire d'Amérique du Nord, mais largement naturalisée en Europe.

Épine blanche, aubépine à un style, a. monogyne

Crataegus monogyna
Feuilles caduques ; 8 à 15 m de hauteur
Petit arbre

Caractéristiques : Rameaux fins portant souvent des épines droites piquantes. Feuilles profondément lobées de 1,5 à 5 cm de long et de 2 à 5 cm de large. Fleurs blanches réunies par 9 à 18 en corymbes terminaux et s'épanouissant en mai. Fruits rouges à un seul noyau et à la chair farineuse mûrissant en automne.
Aire de répartition : Indigène dans toute l'Europe (à l'exception de l'Islande) et à l'est jusqu'en Asie occidentale.

Néflier commun

Mespilus germanica
Feuilles caduques ; 5 à 8 m de hauteur
Arbrisseau ou petit arbre

Caractéristiques : Rameaux souvent épineux, couverts de poils blancs serrés lorsqu'ils sont jeunes, bruns à maturité. Feuilles de 5 à 15 cm. Fleurs isolées sur les rameaux feuillés en mai ou en juin, suivies des fruits piriformes de 2 à 3 cm aux sépales saillants. Fruits (les nèfles) très sucrés après blettissement.
Aire de répartition : Originaire du sud-est de l'Europe à l'Iran, largement naturalisé en Europe centrale.

Cognassier commun

Cydonia oblonga
Feuilles caduques ; 5 à 8 m de hauteur
Petit arbre

Caractéristiques : Rameaux couverts de poils laineux peu serrés au début, et chocolat à maturité. Feuilles entières de 5 à 10 cm de long et de 4 à 9 cm de large. Fleurs roses ou blanches à l'extrémité de courts rameaux feuillés, suivies de fruits piriformes jaune d'or de 2,5 à 12 cm de long et de 2 à 8 cm de large délicieusement parfumés.
Aire de répartition : Indigène dans toute l'Europe méridionale jusqu'à l'ouest de l'Asie.

Laurier-cerise, laurier-amande

Prunus laurocerasus
Feuilles persistantes ; jusqu'à 15 m de hauteur
Arbuste ou petit arbre

Caractéristiques : Rameaux verts le premier hiver, puis brun grisâtre. Grandes feuilles de 8 à 20 cm de long et de 3 à 8 cm de large, plutôt appliquées, vert lustré dessus, plus pâle au revers. Fleurs blanches s'épanouissant à la fin de l'hiver sur les rameaux de l'année précédente. Les fruits mûrissent à l'automne ; ils sont alors pourpre noirâtre et très amers.
Aire de répartition : Endémique dans le sud-est de l'Europe, en Turquie et en Géorgie.

Prunier cultivé

Prunus domestica
Feuilles caduques ; 6 à 10 m de hauteur
Petit arbre

Caractéristiques : Rameaux velus et donc inermes, sans bourgeons terminaux. Feuilles dentées de 3 à 8 cm de long et de 1,5 à 5 cm de large. Fleurs blanches isolées ou groupées par 2 ou 3, s'épanouissant avant la foliaison et suivies par les fruits juteux (prunes) qui atteignent 8 cm de long.
Aire de répartition : Sans doute indigène dans le Caucase seulement, mais abondamment cultivé dans le monde entier pour ses fruits.

Prunier myrobolan, prunier-cerise

Prunus cerasifera
Feuilles caduques ; 8 à 12 m de hauteur
Petit arbre

Caractéristiques : Rameaux verts le premier hiver, puis bruns. Feuilles dentées de 4 à 6 cm de long et de 2,5 à 3 cm de large. Fleurs blanches au départ (mais roses chez les variétés au feuillage pourpre) s'épanouissant avant la foliaison. Fruit de 2,5 à 3 cm mûrissant à la fin de l'été.
Aire de répartition : Origine incertaine, mais cet arbre fruitier est probablement issu d'une espèce que l'on trouve depuis les Balkans jusqu'en Asie centrale.

Laurier sauce, l. d'Apollon, l. franc, l. noble

Laurus nobilis
Feuilles persistantes ; jusqu'à 20 m de hauteur
Arbuste ou arbre

Caractéristiques : Rameaux verts ou pourpres. Feuilles très aromatiques de 5 à 13 cm de long et de 2 à 5 cm de large, à la marge gaufrée, utilisées à des fins culinaires. Les Grecs et les Romains de l'Antiquité tressaient des couronnes avec ses rameaux chargés de feuilles et de baies noires pour honorer les généraux et les poètes, ce qui a donné naissance aux mots *baccalauréat* et *lauréat.*
Aire de répartition : Endémique dans le Bassin méditerranéen.

Index des noms communs et latins

Index des noms communs

Index des noms latins

Bibliographie sommaire

Aichele et Schwegler, *Quel est donc cet arbre ?,* Nathan, Paris, 1977.
Heywood (Vernon H.), *Les Plantes à fleurs, 306 familles de la Flore mondiale,* Nathan, Paris, 1996.
Mitchell (Alan), *Tous les arbres de nos forêts,* Bordas, Paris, 1986.
Rameau, Mansion, Dumé *et al., Flore forestière française,* Institut pour le développement forestier, T. 1, 1989 ; T. 2, 1994.

ISBN 978-2-09-278382-5
N° d'éditeur 10156429
Dépôt légal : mars 2009
Imprimé en Espagne